イエスとブッダ

Going Home Jesus and Buddha as Brothers

いのちに帰る

ティク・ナット・ハン Thich Nhat Hanh 池田久代 訳 Hisayo Ikeda

春秋社

はじめに

最後の大氷河期がはじまったころ、新石器時代のアーティストたちは、現在ドルドーニュと呼ばれる南西フランスの地下洞窟に、世にも見事な壁画を描きました。これらの傑作はおそらく人類最古の霊性の表現といえるでしょう。今日、この地下大聖堂のうえには肥沃な大地がひろがり、温暖な気候と豊かな土壌や水に加えて、大地を育む農民たちが豊かに暮らしています。フランスのこの地域が、変わりゆく他の地域とは異なり、三万年前に最初のホモ・サピエンス（人類）が足を踏み入れたときよりもさらに肥沃な大地となっているというのが、彼らの誇りです。

現在この地域は主に、ぶどう畑、スモモの果樹園、ヒマワリの野がひろがる農耕地域です。豊かな食物を栽培して食べることには、この地に住む人々の生活と情熱と技術が現れています。麗しきフランスへの旅人のうちで、遠くボルドーまでやってくる旅行者は稀で、そこからもっと小さな村々の狭い道をわけ入ってくる人はさらに少ないのです。ここに住む人々は、近代の都市生活のあわただしいスピードに同調することなく、いまも変わらず太陽の自然なリズムに歩調を合わせて、野をすぎゆく季節の移ろいに調和した暮らしを営んでいます。

人類の揺籃期からつづくこの地に、小さな村落が連なっています。そのうちのふたつは古い農家の納屋で、かつてはユースホステルとして使われていました。入り口のちょっと傾いて色あせた表札には、フランス語で「スモモ村」と書かれており、これを見つけた旅人はやっとプラム・ヴィレッジにたどり着いたことを知るのです。プラム・ヴィレッジの建物は周囲の田園にとけこむ石づくりで、何世紀ものあいだ納屋、農家、道具小屋、穀物倉として使われてきたものです。近づいてみると、いまではそれがキッチンになり、食堂になり、講話室や宿舎や瞑想道場に使われています。

かつてはほとんどの壁が漆喰の塗り壁でしたが、いまでは化粧がはがれて何世紀も前の石、粘土、土がむきだしになり、大地の重厚さと豊かさを見る思いがします。素朴な窓や化粧仕上げのされていない土間、古い酒樽でつくった質素なかまど。ここではいまも薪で火をおこします。

村の小道には、花、竹、花樹がとりどりに植えられ、道のそこここに「息を吸って　微笑む」、「いまこの瞬間《とき》がすばらしい瞬間《とき》」、「平和は一歩一歩のなかに」などと書いた札がかかっています。しかしプラム・ヴィレッジのすばらしさは、田園の魅力や美しさではなく、ここにただよう「深い静寂」なのです。

プラム・ヴィレッジの静けさは、何も音がないというのではなく、それ以上の特別な静寂です。平和そのものがここにあるのです。満ち足りた微笑みをうかべて、ゆっくりとこころをこめて歩くと、呼吸も深く長くなっていきます。寒さの季節でも、なぜか大地そのものにやさしくつつまれるように感じます。十二月も暮れかかると、百マイルほど西の沿岸には、メキシコ湾流（暖流）がやってきて、たくさん雨をふらせます。道はぬかるみ、靴の裏にべっとりと土《つち》塊《くれ》がつきます。中央の瞑想道場の外まで来るころには、靴裏に赤土が重くこびりついています。なかに入る順番を待ちながら、傘のしたに群がって、靴を置く乾いた場所を探し、すばやく——といっても、プラム・ヴィレッジでの生活ペースで許されるかぎりすばやく、ということですが——道場に飛びこみ、坐布か椅子のうえに納まります。

この日は寒く、雨もようでしたが、みんな温かく感じていました。クリスマスはプラム・ヴィレッジのいちばん大きなお祭りのひとつです。そして、夏のリトリートを除けば、ほとんどの訪問者が魅了されるつどいがあります。一日は早朝の四時半に瞑想と読経からはじまります。数マイル離れたキリスト教の修道院とちょうど同じように。しかし、このプラム・ヴィレッジの読経は、ラテン語でもフランス語でもなく、ヴェトナム語で行われるのです。

この日、フランス、タイ、イギリス、アイルランド、アメリカ、ドイツ、南アフリカ、ベトナム、日本など、さまざまな国籍の僧侶や尼僧がつどいましたが、彼らのほとんどが仏教徒です。というのは、ここは何世紀にもわたってキリスト教を地盤とする土地柄ですが、今日でも、もっとふるい、古代の道に通じる土地でもあるのです。今日はキリスト教と仏教の両方の伝統を踏まえた聖歌が歌われ、経典が読誦されました。早朝の暗闇のなかで、日課である読経とともに、クリスマス・キャロルが歌われ、贈りものが交換され、キリスト教と仏教のそれぞれの開祖を讃えて、花がたむけられました。正餐もいましがたおわったところですが、参加したすべての国の伝統的なクリスマス料理が供せられました。クリスマスの歌もいろいろなお国言葉で歌われました。この日、プラム・ヴィレッジへの訪問者のなかには、フランスやイタリア、アイルランドのキリスト教の拠点から訪れた神父や修道女も参列していました。みなが席に着くと、約半数は伝統的な東洋の結跏趺坐[1]で床の坐布にすわり、残りの半分は部屋のすみに積んであったプラスティックの椅子にすわりました。ふたりの背の高いアメリカ人の仏教僧が、一緒に古い暖炉に薪をくべました。ひとりはものしずかなテキサスなまりで話をしていました。

まもなく《タイ》の到着です。《タイ》というのはプラム・ヴィレッジの創設者であるティク・ナット・ハン禅師の愛称です。七十二歳を迎えられた《タイ》は、生涯をとおして、とほうもなく困難な時代を生きてこられました。十六歳で得度され、道を求めて熱烈な修行を行われました。三度の戦争や迫害、暗殺の危機を乗り越えて、三十五年の亡命生活を生き抜いてこられた、ベトナムの寺院の禅師です。その法系はゆうに二千年はさかのぼり、遠くブッダその人にまでつながっています。百冊をこえる詩集、小説、哲学書を世に問い、大学や社会奉仕団体を創設し、ボート・ピープルを救援し、パリ平和協定の仏教徒代表を務め、さらに、マーティン・ルーサー・キング牧師によって、ノーベル平和賞候補にも推薦されました。

《タイ》は生涯にわたって、西欧とその霊的伝統を学んでこられました。今世紀を生きるもっとも偉大な宗教指導者のひとりです。《タイ》のマインドフルネス（仏教の気づき）についての教えは西欧で受け入れられ、キリスト教世界に生きる人々のこころにもとどいています。《タイ》の祭壇には、仏教の開祖・釈迦だけでなく、イエス・キリストの肖像もかかっています。

《タイ》の姿が現れると、一同、起立して一礼。《タイ》はしずかに、床から二フィートばかり高くなった壇上へ悠然と歩まれる。注意深く上着を脱いで着座され、用意されたガラスコップを両手で持ちあげ、流れるように優雅な所作でコップを口もとに運び、温かいお茶をすすられる。コップを戻すと、みなのほうに顔をむけ、両手を合わせて仏式の一礼をされる。みずからに語りかけるように、「みなさんに礼拝します。これから悟りを得ようとする未来のブッダに礼拝します」。

一同も同じように礼をしたその瞬間、鐘の音が招かれる。深く長く心地よい鐘の音は漣《さざなみ》のように流れ、やがて鐘の招き手が鐘の縁に手をおくと、その余韻は消えていく。思いをこめた一瞬ののち、ベトナム語とフランス語訛の優しく柔らかいタイの声が響く。「みなさん、今日は十二月二十四日です……」この声をきくと、参列者たちはみな、親愛なる友なる師、ティク・ナット・ハンとともにあることを知るのです。

バーモント州、南ウッドストックにて

プリッタム・シン

GOING HOME

CONTENTS

イエスとブッダ

目　次

第2章 わが家へかえる　41

第3章 御子よ、われに来たれ　69

第4章 法身——真理の身体をもとめて 109

第5章 愛の意味 143

第6章 イエスとブッダは兄弟 169

付録 五つのマインドフルネス・トレーニング――最新版 201

訳註 207

帰命・ほんとうのわが家に帰る――訳者あとがきにかえて 池田久代 227

GOING HOME:
Jesus and Buddha as Brothers

イエスとブッダ

いのちに帰る

ONE

The Birth of Understanding

第 1 章

理解が生まれる

みなさん、今日は一九九五年十二月二十四日です。これから、このロアー・ハムレットで、冬のリトリートを始めます。

毎日二十四時間、だれにでもできることがあります。それを楽しめるかどうかは、みなさんしだいです。新鮮な空気は二十四時間いつでもここにありますが、問題はそれに気づいて楽しめるかどうかです。新鮮な空気がないからといって、空気を責める人はいませんね。新鮮な空気に気づいて楽しむ時間や機会が自分にあるかどうか、自分のこころに聞いてみてください。こころを解き放って、いま・ここにあるものを楽しむためには、マインドフルネスという条件が必要です。マインドフルネスがなければ、何も生まれず、美しい日没や新鮮な空気、星や月や人、動物や木々が、いま・ここに存在することに気づくことができないのです。

アンドレ・ジッドというフランスの作家がいます。ジッドは、神は毎日二十四時間私たちのもとにおられるといいました。神は幸福であり、神は平和である、と。神を享受できないのは、私たちにとらわれがあるから、こころがそこにないからです。神に触れる力がない、神を享受する力がないからです。いま・ここに存在するものを味わい楽しむためには、自分を解き放って自由になることです。そのときマインドフルネスの練修が役に立ちます。

ふたつの次元

ものの関係にはふたつのレベルがあります。第一は自分と他の生きものとの関係です。キリスト教には「水平の神学」という考えがあり、この種の平面的関係は、まわりにあるものに目をむけ、触れていく手だすけをしてくれます。水平の神学は、人間、動物、植物、鉱物を含む、まわりの世界とのつながりに気づかせてくれるのです。毎日、練修をつづけていくと、私たちはいのちあるものも、ないものも、すべてに触れることができるようになります。なぜならば、これらのものとのつながりをとおして、やがては神に触れることができるようになるからです。

神に触れることは垂直的関係を象徴しているので、「垂直の神学」と呼ばれます。このふたつの次元において、水平の次元に触れられなければ、垂直の次元に触れることはできないのです。水平次元と垂直次元のあいだには、インタービーイング[1]（相即）という関係があるからです。あなたが人や動物や植物を愛さなければ、神を愛せるかどうかは、はなはだ疑問です。神を愛する力は、あなたの人類や他の種を愛する力にかかっているからです。

此《これ》あれば、彼《かれ》あり

さて、波打つ海を想像してみてください。大海原の波はたくさんの波にとり囲まれています。波が自分を深く見つめたら、他のすべての波があるから自分がそこにいる、とわかります。波が寄せたり引いたり、うねったり漣《さざなみ》になったりするのは、まわりの波たちがそうなっているからです。波が自分を深く見つめてみたら、波は波全体、すべてのものに触れることができるのです。波はまわりの条件に支えられて、そこにあるのです。

ブッダの教えのなかに、「此《これ》あれば、彼《かれ》あり」という教えがあります。「此がこのようなのは、彼があのようであるからだ」。とてもシンプルですが、とても深い教えです。他の波があるから、この波が存在する。他の波があのようだから、この波はこのようにあるのだ。自分に触れたら、全体に触れることができるのです。自分自身と他のものに深く触れることができたら、あなたは別の次元、究極のリアリティの次元に触れることができるのです。

ひとつの波は他のたくさんの波からできています。自分と他のすべての波の関係には縁起の法則(2)がありますが、もうひとつ、波と水という関係のレヴェルがあります。波は自分が他の波からできているだけでなく、同時に、自分が水そのものであることにも気づきます。波が水に触れることはたいへん大事なことです。水は波の存在の基盤だからです。波は他の波もすべて水からできていることを悟るのです。

仏教は現象《ダルマラクシャナ》界(3)について語ります。あなたと私、木も鳥もリスも、小川も、空気も、星もすべて現象です。ひとつひとつの現象と別の現象のあいだには関係があります。ものの世界を深く見つめたら、ひとつのものが他のすべてのものを包含している(4)ことがわかるのです。一本の木を深く見つめたら、木は木だけからできているのではないことがわかります。木は人であり、雲であり、太陽でもあるのです。木は大地であり、動物や鉱物でもあります。深く見つめる練修は、ひとつのものは他のすべてのものからできていることを明かしてくれます。ひとつのもののなかに全宇宙が包含されています。

一切れのパンを食べるとき、もしマインドフルネスがそこにあれば、聖霊がそこにあれば、一切れのパンを食べるとき、全宇宙に触れるのです。一切れのパンのなかに太陽の光があります。パンのなかに太陽を見るのは、むずかしいことではありません。太陽の光がなければそのパンはここに存在することができないからです。このパンには雲もあります。雲がなければ小麦は育たないからです。一切れのパンを食べるとき、あなたは鉱物、時間、空間、すべてのものを食べているのです。

ひとつのもののなかにすべてが包含されています。マインドフルネスのエネルギーによって私たちは深く見るのです。マインドフルネスはブッダのエネルギーであり、聖霊は神のエネルギー[5]です。このふたつは、私たちを現在に連れ戻し、深い理解と愛する力を呼び起こして、いきいきと生きる力を与えます。だからこそ、毎日、聖霊とともに、マインドフルに生きなければなりません。毎日の一瞬一瞬を深く生きるために。そうしなければ、私たちが究極の次元、ヌーメナ[6]（本体）の次元に触れる道は閉ざされます。

一見すると、波と水はまったくの別もののように見えるかもしれませんが、実際にはひとつのものです。水がなければ波はなく、波をとり除いてしまったら、水は存在しません。この関係にはふたつのレベルと種類があります。縁起の法則について語るときには、どちらのレベルの話をしているかに気づかなければなりません。現象界のことか、あるいは、究極の次元（ヌーメナ）のことか。両者を混同しないことが重要です。

アジアの仏教には、中観派[7]と唯識派[8]の二派の考えかたがあります。両者はものの本体（真の本性のレベル）の観想と、現象レベルで顕現するものについての観想をはっきりと区別します。中観派は空《シューニャター》を説き、唯識派は実在の現象面を説きます。唯識派は現象界に触れること、中観派は本体の世界を深く理解することの手だすけをします。中観派は水に触れること、唯識派は、波に触れることを奨励します。波同士の関係と波と水の関係を混同してはいけないという点においては、両者の考えは一致しています。私たちは本体と現象を深く見つめて、両者は別ものであることを理解しなければなりません。もちろん、水と波のあいだには関係がありますが、この関係は波と波の関係とはまったく別もので、この点がたいへん重要です。波は他のすべての波からできているというとき、それは現象界のことで、現象の相互依存性（縁起）について語っています。しかし、波は水からできているというのは、まったく別なのです。このふたつの関係を区別して考えていけば、時間も、紙数も、唾を飛ばしながらの激論も、はるかに節約できるのではないでしょうか。

　神が人を創造したというときは、水と波の関係について語っています。大工が文机をつくるようには、神は人間を創造しないのです。クリスチャンの友人ならみんなこのことをよく理解しているはずです。神の天地創造はまったく別ものだからです。このふたつの次元を混同してはいけません。神の創造を現象界での働きと考えることはできないからです。これを理解している神学者はたくさんいて、パウル・ティリッヒは「神は存在の基盤である[9]」と述べています。「存在の基盤」とは、実在の本体的側面のことであり、現象界に属するものではありません。神が男性であろうと女性であろうと、神はすべての存在の基盤です。キリスト教徒でも仏教徒でも、この点に異存はないでしょう。

　私たちは現象の世界については語れますが、本体の世界についてはそうはいきません。神を概念や言葉で説明することはできないからです。たとえば、いろいろな形容詞や名詞を駆使して波について説明することができますが、神をそのようなことばで説明することはできません。この波は高いとか低い、大きいとか小さい、形が美しいとか醜いとか、波にははじまりとおわりがあるとはいえますが、水をこのような概念で説明することはできません。神は小さくも大きくもなく、始まりも終わりもなく、また、神の美醜を比較することもできません。現象界の説明に使う概念は神には通用しません。神について語らない神学者こそが、私にとって最高の神学者なのです。

だからといって、神については語れないという意味ではありません。アンドレ・ジッドがこう語っています。私も同感です。「神様は毎日二十四時間、私たちの手のとどくところにおられる」。あなたが毎日二十四時間、神に触れることができるかどうかが問題なのです。きっとみなさんは毎日二十四時間、まったく神に触れていないのではないでしょうか。

神に触れ、涅槃に触れる

キリスト教や仏教を実践する人は、現象の世界にたっぷりと深く触れることができなければ、本体である存在の基盤に触れることはむずかしいし、不可能です。新鮮な空気に気づき、深く触れて楽しむことができれば、ちょうど波が水に触れるように、その空気の基盤に触れるチャンスが生まれます。水平レベルの事物に深く触れる練修によって、神に触れる力が与えられるのです。それこそが本体の次元、垂直の次元に深く触れる力となるのです。

波は水であり、水が波の存在の基盤であることは誰でも知っています。波が苦しむのは、この基本的な事実を忘れているからです。波が自分を他の波と比べるから、苦しみが生まれるのです。波が怒ったり、嫉妬したり、怖れたりするのは、みずからの存在の基盤に触れることができないからです。波がみずからの存在の基盤である水に深く触れることができれば、怖れも嫉妬も、すべての苦しみをも超えることができるでしょう。

究極の次元に触れれば、大いなる安心が訪れます。究極の次元に触れるためには、毎日の暮らしのなかで練修していかなくてはなりません。一杯のお茶を飲み、歩く瞑想をするときに、あなたは究極なるものに触れるのです。この世の現象に深く触れれば、本体の世界に触れることができるのです。

仏教には涅槃《ニルヴァーナ》という言葉がありますが、私たちが涅槃について語れないと思うのは、それが本体に属しているからです。観念や概念、言葉は涅槃を説明することができません。私たちが涅槃について何か語ることができるとすれば、それは観念や概念を越えたもの、ということくらいのものです。

この世の現象の世界には、生や死があり、来るものや去りゆくもの（去・来）、存在するものとしないもの（存在・非存在）があります。しかし、涅槃や神ともいえる存在の基盤は、生も死もなく、去来もなく、存在も非存在もなく、あらゆる概念を超越しています。

では、私たちは涅槃に触れることができるのでしょうか。実は、あなたこそが涅槃なのです。涅槃は、ちょうど波と水のように、毎日二十四時間、片時もあなたから離れることはありません。どこか別の場所、あるいは、未来のいつかに涅槃を求める必要はありません。まぎれもなくあなたこそが涅槃だからです。あなたの存在の基盤が涅槃なのです。

不生不死の世界に触れる方法がひとつあるとすれば、自分のこの世の生と死に触れてみることです。あなたはその身体のなかに、涅槃を包含しているのです。あなたの目、鼻、舌、体、そして心にもニルヴァーナはあるのです。自分のなかに深くわけ入っていけば、そこに、あなたの存在の基盤があるのです。この世のすべてを捨てて神に出会えるとは、私には思えないのです。自分の中や周りにあるものすべてを捨てて涅槃を求めたら、永遠に涅槃に触れるチャンスを失ってしまうでしょう。あなたの身体（色）、感情・感受作用（受）、知覚作用（想）、心の形成物（行）、意識（識）[10]を捨ててしまったら、もはや涅槃に触れる道はありません。波を捨ててしまえば、触れるべき水もなくなってしまうのです。

「一人格ではないが、しかし人格以下のものではない」

現象のレベルと本体のレベルを混同してはいけません。これが忘れてはいけない根本です。時間やエネルギーを無駄に使わないためには、現象を語る言葉で涅槃や神を語らないことです。神は人格的存在か非人格的存在かという議論をするとき、あなたは存在の基盤を現象世界のことばで比較しようとしているのです。ここに誤謬が生じます。私たちはなぜ、神は人格かそうでないか、涅槃は人格的か非人格的かという議論に時間を浪費するのでしょうか。

テイヤール・ド・シャルダン(11)はフランスの科学者であり神学者ですが、あるとき、宇宙の根本には人格があり、宇宙はつねに人格化の過程にある、と述べました。彼は人格と非人格の対立、二元的考えにとらわれたのです。世界はふたつの相異なるものからできていて、そのひとつは人格であり、もうひとつは非人格です。人格でないものはすべて非人格であるという仮定です。これは二元論です。多くの人にとっても、神は人格であるか人格でないか、それが問題です。神学者もそうでない人も答えを探して格闘しています。このような不毛な議論をやめれば、ずいぶんと時間の節約になるでしょう。存在の基盤に深く触れるためには、すべての観念を超越しなければならないことに、私たちは気づいているからです。

「神は人格か、人格ではないか」と問うたら道に迷うのです。実際のところ、神は人格ではなく、また人格ではないものでもない。このことを見事に表現してくれたドイツの神学者がいます。「神は一人格ではないが、しかし人格以下のものではない」[12]この説明はたいへん禅的です。私たちはなぜ神を「人格」と「人格でない」というふたつの概念の一方に閉じこめなければならないのでしょうか。およそ神をそのように定義する必要などあるのでしょうか。

仏教の考えには、両者を隔てるしきりが存在しません。人格は人格でないものを包含し、人格でないものは、その内部に人格を包含しています。キリスト教は、時間とエネルギーを費やして、神は人格かどうかを議論してきました。しかし仏教では問題になりません。人格は人格でない要素からできており、逆もまた真だと知っているからです。人を見たら、その人のなかに動物や植物のような人ではない要素が見えます。人を見たら、その人のなかにブッダが見えるのです。あなたのなかにブッダが存在していることを知るのに、わざわざ知覚を使ってブッダを呼びだす必要などありません。レモンの花を見れば、すでにレモン（の果実）が見えているからです。

実在のなかに深く浸透していくことができたら、観念から逃れることができます。波ならば、高い波、低い波、見事な波、ちっぽけな波、波がこちらに来るとか退いていくとか、波が生まれたとか消えたとか表現することができますが、このような観念をつかって水を語ることはできないでしょう。それなのに私たちはどうして、神は人格だ、いや人格ではないと、時間とエネルギーばかり浪費して議論をやめないのでしょうか。

かたちを超える

仏教とキリスト教の対話はまだあまり進んでいないように思われますが、その理由は両者がこのような対話のための地盤を確立できていないからです。現在の状況をふりかえってみると、こうです。

仏教徒は生まれ変わり《リインカーネーション》(13)を信じています。人間は幾度も生をくりかえすという考えかたです。しかし仏教界では、生まれ変わりという言葉ではなく、輪廻転生《リバース》という言葉のほうを好みます。死後あなたはふたたび生まれて、別の生を生きるのです。

キリスト教では、あなたのいまの生は唯一無二のもので、このたったひとつの生があなたの救済の唯一のチャンスとなります。これを台無しにしたら、永遠に救済されることはありません。あなたにあるのは、ただひとつの生だけです。

仏教の教えには、無我《アナッター》(14)という考え方があります。

キリスト教は明確に、クリスチャンは人格主義者《パーソナリスト》(15)だと教えています。あなたがひとつの人格であって自我をもつだけでなく、神もまたひとつの人格であって、自我をもつのです。

仏教の空や非実体の教えは、存在は無であるといっているように見えます。

キリスト教では、存在するもの《ビーイング》、実存するもの《イグジスタンス》があるとし、聖トマス・アクィナスは存在の哲学《ラ・フィロソフィー・デートル》[16]を語り、世界が存在するという確証の上に立ちました。

仏教には「慈・悲」（ラビング・カインドネスとコンパッション）がありますが、キリスト教の「神愛《チャリティ》」[17]や「愛《ラブ》」とは異なるものです。神愛には神に向けられた愛と人類に向けられた愛[18]のふたつの側面があります。キリスト教では、敵をいかに愛すべきか[19]を学ばなければなりません。キリスト教徒と仏教徒では愛に対する動機が異なっており、友人のクリスチャンたちは、よくこの違いを指摘します。仏教徒が慈悲の実践をするのは、ひたすらみずからの解放を求めるがゆえであり、他者や他の生きものの苦しみを気づかっているからではない、仏教徒には解脱願望という欲求があるだけだと考える神学者がいます。キリスト教では、あなたの愛は神に基盤があります。あなたは神を愛し、また、神が隣人を愛しなさいと言われるから隣人を愛します。隣人への愛は、あなたの神への愛という基盤から湧きあがってくるのです。

多くの人たち、特に、クリスチャンの仲間うちに多いのですが、キリスト教と仏教には共通点があると考えています。しかし、両者の哲学的基盤はまったく違っていると考えているようです。仏教では、人は再生し何度でも生まれ変わると教えます。仏教では、無我を教えますが、キリスト教は真の自己があると教えます。仏教は存在の空や非実体を認め、一方で、キリスト教は実存という事実を認めます。このようにそれぞれの哲学的基盤が異なるならば、仏教の慈悲と、キリスト教の神愛や愛の実践は違ってくることになります。しかし、このような見方は、たいへん皮相的な見方と言えないでしょうか。もっと時間をかけて、それぞれの伝統をじっくりと見つめて実践してみたら、このような問題は現実的でなく、真の問題ではないとわかるでしょう。

第一に、仏教にもさまざまなかたちや理解の仕方があります。百人の仏道修行者に尋ねたら、百とおりのかたちが出てくるかもしれません。キリスト教についても同じです。十万人のクリスチャンの信仰の理解は、十万とおりあるかもしれません。

プラム・ヴィレッジには、さまざまな宗教的背景をもつ人たちがやってきます。クリスチャンの参加者のほうが、仏教徒よりももっと仏教徒らしいと感じることがよくあるのです。たとえば、仏教徒の仏道理解が私の理解の仕方とはまったく違っていると感じる一方で、キリスト教徒のキリスト教理解や神愛と愛の実践が、仏教徒と自任する人たちよりもはるかに私の実践方法に近いと感じることがあります。

同じことがクリスチャンにもいえるのです。彼らは同じ信仰をもつクリスチャンが遠い存在に感じ、仏教を信仰している人のほうにずっと親近感を感じることがあるかもしれません。仏教は仏教、キリスト教はキリスト教と線引きをすることはできません。仏教にもいろいろなかたちや理解の仕方があり、キリスト教の理解の仕方もさまざまです。それならば、キリスト教はこうあるべきだとか、仏教はこれしかないといった考えかたを、いったん脇においてみたらどうでしょうか。

　もちろん、仏教とキリスト教は類似しているとか、キリスト教は仏教と同じようなものだと言っているのではありません。マンゴーフルーツはオレンジと同じ果物ではなく、ふたつのちがう果物です。ふたつの果物の違いをなくしてしまっては困ります。違いがあるということがすばらしいのです。違いがあるってすばらしい！　違い、万歳《ヴィヴ・ラ・ディファランス》！　マンゴーを深く見つめ、オレンジを深く見つめてみたら、マンゴーとオレンジはまったく別ものでありながら、同じ果物だということに気づきます。マンゴーとオレンジにもっと深くわけ入っていったら、どちらも太陽の光や雲、甘みや酸味といった同じ要素からできていると気づくでしょう。もっと深く見つめたら、あるのは等級や強調の仕方の違いだけだと気づくのです。まず、オレンジとマンゴーの違いに気づいたら、もう少し深く見つめてみると、共通点がたくさん見えてきます。オレンジのなかに酸味や甘さがあり、それはマンゴーにも共通しています。そして同じオレンジがふたつあっても、味はまったく違うことがあります。思いっきり酸っぱいのと、とっても甘いオレンジがあるのです。

深く見つめる——マインドフルネスと神の臨在

クリスチャンやユダヤ教徒の友人たちの話を聞いていると、彼らは日々、神の現存のうちに生活していることがわかります。ロウソクを灯し、食事を摂り、子どもを抱きしめ、隣人に話しかける。毎日あなたは、まるで神さまがあなたの声を聴き、あなたを見つめ、あなたの行動に気づいておられるかのようにふるまいます。

「マインドフルネス」という言葉は、キリスト教やユダヤ教では使われません。マインドフルネスは仏教用語だからです。マインドフルネスとは何でしょうか。それはあなたが毎日自分のしていることすべてに気づくことです。あなたの思いや感情、行動やことばのすべてのうえにふりそそぐ光のようなものです。マインドフルネスはブッダです。マインドフルネスは、神さまのエネルギーである聖霊と同じものなのです。

無常――生存の可能性

無常の本性を見てみましょう。たとえクリスチャンの友人でも、事物の無常を無視することはできないでしょう。あなたは生まれ、成長し、そして身体、感情・感受作用、知覚作用、心の形成物、意識[20]において日々変化しています。五歳のあなたは、二歳のときとは違います——肉体だけでなく、感情や知覚作用においても異なっているのです。すべては変化していきます。

肉体的変化だけでなく、心も変わっていく。この観察はあなたが自分自身と呼んでいる恒久的な存在者はないという洞察に導きます。私たちが自分を自分と見なしている五つの要素のうちのどれひとつも同じ状態でとどまることはできません。この五つの要素とは、身体、感情・感受作用、知覚作用、他の心の活動、そして意識です。これらは常に変化しています。生涯をとおして、デイヴィッドとかアンジェリナとか、あなたは同じ名前を名乗りますが、あなたはつねに変化しています。変わらないのはあなたの名前だけです。しかしその名前に対する理解は変わりうるのです。人がもっと愛すべきものになれば、その人の名前もまた好ましいものになっていきます。

無常とは現象世界にあるものの現実のすがた（実相）です。この点に関しては、東洋、西洋ともに異存はないでしょう。「誰も同じ川で二度は泳げない[21]」という警句は西洋の洞察です。孔子は橋のうえに立って「川は日夜流れてやまない[22]」と言いました。これも同義の内容です。すべてのものが無常だとすれば、永遠に存在する実体はないということです。無我とはこのことです。無我は、人格をもたないとか、存在は無だということではありません。あなたは無我だが、身体や感情、知覚作用、心の形成物、意識をもったひとりの人間として生きている。ひとりの人間として生きているが、他から独立した自己をもたないのです。

およそ他から独立した自己をもつものが何かあるのでしょうか。いいえ、前庭に立つ一本の木には仕切られた自己がありません。太陽の光や、雲、空気、鉱物がなければ、木はそこに立っていられないからです。木は木でない要素からできています。木は単独では存在することができないので、（木には他から独立した自己がないので）木は無我であると私たちは言います。木の自己は木以外の要素の自己からできているのです。

ことばにとらわれてはいけません。実在の世界に深く触れて、ことばを超えてみましょう。人がここにいることができるのは、無我のおかげです。無常や無我のおかげで、すべてのものがここに在ることができるのです。人間も例外ではありません。

ある英国紳士が仏教を研究していて、すべては無常だとくりかえし言いつづけ、いつも娘に、この世の無常を嘆いていました。ある日娘が言いました。「パパ、もしすべてのものが無常でないなら、私はどうやって成長できるの」。これはたいへん的を射た知的な問いかけです。その娘が成長するためには、すべてのものごとは無常でなければなりません。もしそうでなかったら、彼女は永遠に十二歳のままでいなければなりません。だから無常は生きるための根本条件なのです。無常のおかげで、すべてが可能になるのです。

無常がなければ民主主義もありえません。民主的でない政権を民主政権に変える希望がもてるのも、無常のおかげです。一粒のトウモロコシを湿った土に植えるのは、それが成長してトウモロコシの穂になることを期待するからです。もしものごとが無常でないならば、一粒のトウモロコシの実がどうしてトウモロコシの植物に成長することができるのでしょうか。もしその植物が成熟して種をみのらせて死ななければ、どうして新しいトウモロコシができるのでしょうか。聖書にもあるとおりです[23]。したがって、無常や無我がすべてを可能にしてくれるのです。人が生きていくことができるのも、この無常のおかげです。

無我の観念にとらわれる

仏教徒のなかには無我の観念にとらわれる人がいますが、これはブッダの教えにもとるものです。他から独立した自己という観念を含めたすべての観念を克服するために、ブッダは無常や無我を説かれたのです。無我という観念にとらわれてしまったら、元も子もなくなるのです。教理や観念や教義を信奉するあまり、真の教えを見失う人はつねにいるものです。あるとき樹下で坐禅を組んでいた僧が、とおりすがりの夫人にたずねられました。

「お坊さま、ここをとおった女性をご覧になりませんでしたか」

「いや、そのような者は見かけませんでしたよ。私が見たのは、肉と骨と五つの要素（五蘊）が合わさったものだけです」

ばかげた話です。この僧は無我の観念にとらわれたのです。みなさんにブッダの嘆きがおわかりでしょうか。無常や無我にとらわれた弟子をもって、ブッダはさぞかし落胆されたことでしょう。無常や無我の教えは、すべてのものがそれ以外のものと離れがたく結ばれているということを示すためのものです。これをインタービーイング（相依相関）といいます。此《これ》なくして彼《かれ》なし。ひとつの波はそれ以外のすべての波からできている。ひとつの電子はそれ以外のすべての電子からできている。いまや核物理学もこのような表現を使って世界を語りはじめています。

六世紀になるとインドでは、僧や在家の多くが無我という概念にとらわれるようになり、仏教をもっとよく理解している側から強い反発が生まれました。彼らは、自己は存在すると説く仏教の一派を形成しました。はじめはブッダの教えの真逆であるように見えましたが、実のところ、彼らのほうがずっと知性がありました。他の人々は彼らを人格主義者と呼びました。サンスクリット語だとプドガラヴァーダ（プドガラ派）[24]。プドガラとは人格のことです。

かの有名な中国の玄奘三蔵が仏教を学びにインドに渡ったとき、プドガラ派に所属する僧侶は六万人を超えていたといいます[25]。彼らの多くが「人格は存在する」という考えを肯定していました。これらの僧が現代のプロテスタントやカトリックの人たちと話をしたら、さぞかし共感しあったことでしょう。なぜならば、無我や無常の教えや修行を受け入れながらも、彼らは自分がひとつの人格であると理解していたからです。

プドガラ派の僧たちが自分たちの経典に引用した文章に次のようなものがあります。「あなたの民を益するために、この世に姿を現された人（格）がある。その人（格）とは誰か。如来《タターガタ》（ブッダ）なり」。彼らが仏典で言おうとしたのは、「人格」ということばは仏の教えのなかにも存在し、さらにはブッダその人を指すときにもこのことばが使われているということなのです。

「継続おめでとう！」

輪廻は毎日この身に起こっています。あなたが毎日、刻々と生まれ変わっているというのはほんとうでしょうか。はたしてそんなことがありうるのか。苦しみや理解不足を一変させて、あなたが新しい人間に生まれ変わることが本当に可能なのでしょうか。

深く見つめる練修を行えば、生死という観念が超越されるのです。

ふつう生まれるとは、誰もいないところに突然誰かが現れたり、何もないところに突然何かが現れることを意味します。私たちが考えている誕生とはこのようなものです。しかし、波をもっと深く見つめてみたら、波が何もないところから生まれてくるとは考えられません。無から生まれるものなど皆無です。一本の木がここにある前は、どこか別のところにありました。種だったかもしれませんし、さらにその前には、別の木の一部であったかもしれません。雨がここに降る前には雲でした。雨は生まれたのではなく、雲が雨に変容しただけです。ここにあるのはただ継続です。雨を深く見つめたら、雨の前世は雲だと認識できるでしょう。

仏教の教えによれば、生誕はなく（不生）、ただ継続があるのみです。

誕生日には「誕生日おめでとう」ではなく、「継続おめでとう」と歌ってみましょう。いつからかは知らないけれども、あなたはずっとここにいるのです。あなたは一度も生まれたことがないし、死んだこともありません。ふつう死ぬというのは、突然、誰かから誰でもない者になることを意味するからです。何者かであったものが、突然、無になることはありません。布切れを焼いても、消滅するわけではなく、布は大空にとけこんで熱に変わり、煙になって立ち昇り、雲の一部になります。やがて地面に落ちて灰になり、明日、一枚の木の葉、草の葉、花となってすがたを現すのです。あるのはただ継続だけです。

深く見つめることによって、生死の観念を超えるのです。ここでは「輪廻」ということばではなく、「継続」と言ったほうが適切です。不生不滅の本質は、誰でもその目で確かめることができるのです。この本質はいまや科学者たちにも認められていて、フランスの科学者ラヴォアジェがこう言いました。「何ものも創られず《リエン・ヌ・ス・クレ》、何ものも死なず《リエン・ヌ・ス・ペルド》」ラヴォアジェが般若心経の実践をしたとは思えませんが、彼は正確にこの言葉の意味をとらえています。

現象界に深く触れたら、不生不滅の領域である究極の次元に触れるのです。究極とは涅槃であり、神です。そしてそれは、毎日二十四時間、いつでも私たちの手がとどくところにあるのです。

十世紀のベトナムの禅僧ティエン・ホイが、不生不滅の世界に触れるにはどこへ行けばよいか、と弟子にたずねられました。禅師は「生死のこの世のまっただなかだ」と答えました。これほどに簡単明瞭な答えはありません。木でも布切れでも雲でも、何でもよいのです。それらを深く見つめたら、そこに不生不滅の本性が見つかります。生も死もないという本性にめざめるには、たっぷりと時間をかけて、私たちのなかにあるマインドフルネスのエネルギーに深く触れることが大切です。

生きるべきか、死すべきか[26]

この世のすべてのものの本質は、来ることも去ることもない「不去不来」です。事物は条件が整ったときに顕現する、とブッダは言われました。どこからもやってこないし、条件が充分でなくなると、みずからすがたを隠す。みずから顕現して知覚の対象となることもなく、またどこかへ消え去ることもない。去来はただ条件の問題だけなのです。

実在の本質を深く見つめたら、去・来、存在・非存在の観念が超越されるのです。条件が整えば、あなたの目に映って、あなたは「自分がここにある」と言うことができる。条件が充分でなくなると、目には見えなくなって、あなたにとって存在せず、これをあなたは「存在しない」と言う。しかし現実は、実在に存在も非存在もないのです。存在・非存在はあなたが創った観念で、生死、去来も同様に観念という幻です。あなたの愛する人がその目に見えなくなったからといって、いままで存在していた彼女が、存在しなくなったのではないのです。真実をしっかりと見つめたら、あなたの苦しみは軽減されるでしょう。自分自身を深く見つめていけば、死、すなわち無に帰すことへの怖れが超えられるのです。

仏教はすべてのものの真実は非存在だと説きますが、これは本当でしょうか？　答えは否です。空とは、他から独立した実在の空や、恒久的存在者の空、すべての観念の空を意味しています。空の教えは、生・死、去・来、存在・非存在の観念を超える手だすけとなるものなので、存在や無の観念にとらわれれば、究極なるものに触れることができません。観念に執着すると、究極の次元に触れることができません。

このように、キリスト教では存在を教え、仏教では非存在を教えるというのは正しくありません。少しでも仏教を学んでみたら、仏教の修行が存在と非存在をともに超越するためのものと理解されるでしょう。仏教徒にとって、「在るべきか、在らざるべきか」はさほど問題ではありません。問題は観念を超えられるかどうかにかかっています。

存在の基盤に触れる

洋の東西を問わず、キリスト教や仏教にも共通するものとして、「全一者」、究極の実在、存在の基盤という概念があります。私たちのクリスチャンの友人のなかには、仏教徒は「全一者」や存在の基盤に人格があるという考えを好まない、と考える傾向があります。ここがクリスチャンが最も抵抗するところです。また一方で、仏教徒にとっては「全一者」や存在の基盤は非人格だ、と信じているクリスチャンもいます。しかしこれはまったくの的外れです。みなさんのなかには、毎日、次のように直観しながら暮らしている方がいるのではないでしょうか。木には人格はないが、木を深く見つめていると、あなたの木との関わりは、人格と非人格の関係ではないように感じるのです。

青空にも思いがある

岩に触れるとき、私はけっして岩が生命のない無生物とは思いません。木にも魂があり、心があります。岩にも、空気にも、星も月も、すべてに意識があります。これらはすべてあなたの意識の対象物です。あなたが「風が吹いている」といえば、それはどういう意味でしょうか。風が吹いていると知覚するから、「私には風が吹いていることがわかる」といいます。あなたが風を知覚したからです。しかしあなたには風が吹いていると感じられるかもしれませんが、隣にいる人は風に気づかないかもしれません。あなたは風が吹いていると知覚しているから、隣にいる人に風が吹いていると伝えようとするのです。

しかしよく考えてみたら、「風が吹いている」というのはおかしなことです。風ならば吹かなければならないし、もし吹かなければ、それは風ではありません。だから「吹く」ということばを使う必要はなく、ただ「風」といえばよいでしょう。風とは何でしょうか。風とは、あなたの知覚作用であり、あなたの意識です。風はあなたが知覚するから存在するのです。あなたにとってたったひとつ確かなことは、風はあなたの知覚の対象物だということです。知覚には主体と客体があり、知覚するもの（知覚者）と知覚されるもの（対象物）が必要です。風はあなたの意識の一部（主体）であり、風はあなたの知覚の対象物（客体）なのです。ときには根拠もないのに、私たちは知覚の対象物をつくりだすことがあります。誰かが自分を破滅させようとしていると思いこんでいるのに、実は事実無根のことがあります。（相手にはそんなことは思いもよらないことなのです。）

アタマ（頭・脳）はじつにさまざまなものを創りだします。唯識派の教えのなかに、見るものを、あなたとは切り離された別の存在物ではなく、自分の意識の対象物として見る練修があります。空を見上げて、空を深く見つめてみたら、空はあなたから切り離された無生物のようには見えません。自分の意識として空を知覚するでしょう。集合的意識が働いているといってもいいでしょう。プリンストン大学には、青空に意識があると考える学派があります。雲にも、星にも思い（意識）がある。空を意識として見れば、空は意識となり、雲も意識となり、星も意識となる。それらはあなたの意識から分離された無生物の対象物ではありません。これらはみなあなたの意識の対象物だから、知覚の対象物を知覚から独立したものと考えないように見る訓練をするのです。大いなる意識が顕現してくると、見るものすべてが心（意識）を持つもののように見えてくるのです。仏教以外の宗派の人々でも、ブッダと同じ洞察をもつことがよくあります。

私は木に触れたり、鳥を見たり、川辺で水を見つめて心奪われます。しかしこれらの自然物が神の造化の賜物だからでも、仏性をもつからでもありません。それらが木としてここにあり、岩であり、水であるというただそれだけに心打たれます。岩が岩であるから、私は岩に首《こうべ》をたれるのであって、この岩に霊が宿っているからでも、岩が無生物だからでもありません。岩は意識そのものであり、霊そのものなのです。

仏教徒が霊を神と呼ばないで、別の名前で呼ぶのをキリスト教徒は嫌います。テイヤール・ド・シャルダンは、聖霊が神ではなく、「全一者」とか「霊」(27)と呼ばれるのを聞いて衝撃を受けました。しかしこの現象の世界で、神に人格があると考える人がたくさんいる場合は、神という言葉を使うと誤解が生じるかもしれません。もし皆さんが、パウル・ティリッヒが言ったように、神は「一人格ではないが、人格以下のものではない」と理解して使うのであれば、神という言葉を使っても問題にはなりません。

ブッダにはたくさんの身体があります。ブッダは人としての身体と教えの身（法身）をもっています。ブッダはこの世を去るときに弟子たちにいいました。「この私の肉体はさして重要ではない。私の法身に触れなさい。私の法身はいつもあなた方とともにある」

ダルマ（法）とは何でしょうか。ダルマとは一連の教え（教義）や修行のことではなく、経典の山でも、ビデオやカセットのようなあふれる情報でもありません。ダルマとは理解であり、生活のなかで実践していく慈愛《いたわり》のことです。ダルマを実践している人に実際に会わなければ、ダルマを見つけることはできません。ダルマを誰にでもわかりやすく示してくれる人は、たとえば気づきをもって歩き、大地に深く触れ、平和と喜びに輝いている尼僧たちです。説教やビデオであなたを導いてくれるのではなく、生きたダルマを身をもって示してくれる人です。尼僧その人が人間であるがゆえに、生きたダルマを伝えることができるのです。生身のこの身体でダルマの身に触れるのです。ブッダは法身であり、ダルマを修行しつづける人がいるかぎり、ブッダの法身は私たちの目で見て触れることができるのです。生けるダルマに触れるためには、無我と無常の教えが必要です。

ブッダを愛し、神を愛す

ブッダを愛するとはどういう意味でしょうか。はたしてブッダを敬愛したり、ブッダが敬愛される必要があるのでしょうか。私たちは日々刻々とブッダを心に呼び寄せるために、ブッダの名前を呼び（称名）、ブッダを思いえがき、ブッダのすがたが心に立ち顕われる練修をしますが、ブッダのほうは、ほんとうに人々に愛されたり、思いだされたり、崇められたいのでしょうか。私はそうは思いません。ブッダが私たちの愛を求めているとは思いません。両親や師を愛するように、ブッダを敬愛することがあるかもしれませんが、ブッダは私たちの先達です。

もちろん、先達としてのブッダを崇敬することはあります。ブッダは勇気をもって真剣に修行されました。慈悲と理解の人であり、（すべての観念から解き放たれた）自由な人でした。ブッダが私たちのように苦しむことがないのは、その並外れた理解力と慈悲のおかげです。愛を求める人がいればそれを与え（与楽）、苦しむ人がいればその苦しみを軽くする（抜苦）。愛の力で人を幸せにすること、それが慈悲の意味です。まわりの苦しむ人たちがあなたの愛を求めていることを理解することは簡単です。では、ブッダを敬愛していなければ、人に救いの手をさしのべたり（救済）、楽にしてあげる（解放）ことはできないのでしょうか。私はそうは思いません。ブッダを敬愛するのは、ブッダがそれを望むからではありません。

しかし、ブッダを称えていると、自分のなかにある健全な種に触れて育てる（水をやる）ことができます。この練修においては、ブッダはマインドフルネスであり、理解であり、愛なのです。自分自身やまわりにいる人々や生きものの幸福のために、自分のなかにある理解する力、マインドフルネス、慈愛の種をもっとつよく育てることができるのです。ブッダのために香を焚くこともありません。ブッダは香など必要としていないのですから。しかし深々とブッダを礼拝して香を焚くときにも、あなたの健全な種に水がそそがれます。これが修行です。マインドフルネスと理解と慈愛があるとき、苦しみは軽くなり、幸福なきもちになります。あなたがそこにいるだけで、まわりの人たちも幸せを感じはじめるのです。

キリスト教では、神を愛するために特別なことをしますが、どのように神を愛するのでしょうか。父母や先生を愛するように神を愛するのでしょうか。父母にも先生にも苦しみがあって、他者の支えを必要としているかもしれません。神がこのような愛や支えを求めているとは、私にはとうてい思えません。キリスト教では、神を愛するように、隣人を愛します。神を愛するとは、隣人を愛することなのです。そしてさらに進んで、敵をも愛さなければなりません。[28]

理解が生まれる

どうして敵を愛さなければならないのでしょうか。どうしたら敵が愛せるのでしょうか。仏教の答えは、はっきりしています。仏教では、愛の基盤は理解です。あなたがマインドフルになったら、他の人の苦しみが見えてきます。苦しみが見えると、突然、その人の苦しみを減らしてあげたくなるのです。苦しみからその人を救ってあげるためにしてはいけないことと、その人を安心させるためにあなたにできることがわかるのです。

人の苦しみが見えはじめると、慈悲の心が生まれて、その人を敵と思わなくなります。敵を愛することができるのです。あなたが敵と思っている人が苦しんでいて、その苦しみをとめてあげたいと思った瞬間に、その人は敵ではなくなるのです。

誰かを憎むとき、その人のおかれた状況が理解できないから、腹を立てるのです。深く見つめる練修をすると、もし自分がその人と同じような境遇で育てられ、同じような環境で生活してきたら、自分も同じことになるとわかります。この理解によってあなたの怒りが去り、偏見も消えていきます。そのとき突然、その人はあなたの敵ではなくなります。その人を慈しむ気持ちが生まれてきます。その人が敵であるかぎり、愛は生まれません。相手が敵でなくなったときにはじめて、敵を愛することができるのです。たったひとつだけ敵を愛する方法がありますす。深く見つめる練修です。むかしあなたをひどく苦しめた人を深く見つめます。なぜそうなったのかを自分に問う練修です。

あなたが不幸なとき、その不幸はあたり一面に飛び散ります。あなたが理解と寛容（忍耐の仕方）を学んでいれば、苦しみははるかに少なくなります。あなたのまわりのいのちあるものを慈悲の目で見ると、心がふしぎでいっぱいになります。そのままでいいのです。ただ慈悲の目で見つめるだけで、あなたの苦しみはすがたを消していきます。慈悲の目とは何でしょうか。見つめて理解する目。愛する心の目です。「慈悲の目」は見つめて理解する目です。理解が生まれたら、慈悲の心が知らぬまに立ちのぼってきます。深く見つめて理解する目が「慈悲の目」なのです。

愛が生まれる

仏教では、理解こそが愛の基盤であると学びます。理解がそこになければ、どんなに一生懸命がんばっても、愛することはできません。もしあなたが「なんとか彼を愛さなければいけないの」というなら、それはナンセンスです。まずは彼を理解しなければなりません。そうしてはじめて、彼を愛することができるのです。私がブッダから学んだ大切なことは、理解なしに愛はないという教えです。夫と妻がおたがいに理解しあわなければ、たがいに愛しあうことはできない。父と息子がたがいに理解しあわなければ、苦しめあうばかりです。理解は愛の扉をひらく鍵なのです。

理解とは、深く見つめる過程といえるでしょう。瞑想とは事物を深く見つめて、深く触れることです。波は自分のまわりに他の波があることを悟らなければなりません。どの波も、それぞれの苦しみをもっています。あなただけが苦しんでいるのではありません。兄弟も姉妹も、苦しんでいます。彼らのなかの苦しみに気づいた瞬間に、相手を責める気持ちは消えて、あなたのなかの苦しみがおわります。あなたが苦しんでいて、その苦しみの原因がまわりの人のために起こったと思えるならば、もう一度見つめてみてください。その苦しみの大半は、あなたが自分自身や、他の人たちを理解できないことが原因だとわかるでしょう。

仏教では、個人の救済のために慈悲と慈愛の練修をするのではないと私は考えます。ブッダが悟られた真実は、苦しみが存在するということです。もしもあなたが自分や他者のなかにある苦しみに深く触れたら、理解が生まれます。理解が生まれたら、愛と寛容が生まれて、苦しみをおわらせるのです。

自分の苦しみは他の誰よりも大きいと思いこんでいる人がいます。あるいは、苦しんでいるのは、自分だけと思っています。しかしそうではありません。自分のまわりの苦しみに気づくとき、その苦しみは減っていきます。自分の殻から抜けだして、しっかりと見つめてください。クリスマスは絶好のチャンスです。私のなかに苦しみがありますが、あなたのなかにもあるのです。世界中に苦しみが満ちています。

いまから二千年くらい前に生まれた人がいます。みずからのなかにも社会のなかにも苦しみがあることを知りましたが、その人は苦しみから逃げようとはしませんでした。目を外にむけて苦しみの本質や原因を深く探ってみたのです。そして、勇気をもってその苦しみを人々に伝えたので、その人は世代を超えて人々の師となりました。クリスマスを祝う最高の方法は、マインドフルに歩き、マインドフルに坐り、物事を深く見つめることです。苦しみがまだここ、私たちひとりひとりのなかにあること、世界中にあることに気づくことです。苦しみを認め受け入れてはじめて、何日も何か月も私たちを責め苛みつづけてきた苦しみから、自分を解放することができるのです。仏教は説いています。苦しみを深く見つめると、苦しみの本質が理解できる。そのとき、幸福になる方法が見つかると。

仏教では、涅槃は平和、安定、自在と説かれます。平和、安定、自在がいま・ここで、二十四時間私たちの手がとどくところにあることを悟るには、練修が必要です。どのようにそれらに触れることができるかを知って、それを実行する目的と決意をもつことが大切です。たとえばそれは、波にとっていつでも手のとどくところにある水のようなものです。波は水に触れて、水がいつでもそこにあることを悟るだけでいいのです。

TWO

Going Home

第 2 章

わが家へかえる

みなさん、今日は一九九五年十二月二十八日です。これからアパー・ハムレットでリトリートをはじめます。

クリスマスと新年は、ふるさとのわが家にもどる絶好のチャンスです。旧暦の新年になると、アジアではそれぞれのルーツである家族のもとに里帰りする習慣があります。中国人やベトナム人ならば、この日に家族の待つふるさとに帰ります。はなればなれに暮らしていた家族が再会して、みなで寄りあってご先祖さまとつながる儀式を行うのです。わが家に戻り先祖とつながる習慣は、誰もが待ち望む新年の行事です。

ほんとうのわが家

マインドフルネスの鐘を招く練修をするとき、息を吸いながら、鐘の音に深く耳を傾けて、「お聴きなさい、お聴きなさい」と唱えます。息を吐きながら、「このすばらしい鐘の音が、わたしをほんとうのわが家に連れ戻す」と結びます。ほんとうのわが家は誰もが戻りたいところですが、戻る家などないと感じている人がいるかもしれません。

「ほんとうのわが家」とは何でしょうか。先日の法話で波の話をしましたが、波にもわが家というものがあるでしょうか。波がみずからを深く見つめると、自分以外のすべての波の存在に気づきます。毎日を大切に、一瞬一瞬をマインドフルに生きると、まわりのものすべてがわが家だと気づくかもしれません。毎日吸う空気、川や山、まわりの人々、木々や動物たちも、わが家というのはほんとうでしょうか。自分を深く見つめた波は、自分という存在が他のすべての波からできていることを知ります。自分がまわりのすべてとつながっている、切り離された存在ではないと感じ、まわりの波たちもまたわが家だったと気づくのです。歩く瞑想をするときは、いま・ここで、あなたのわが家に戻るように歩いてください。木々もわが家、青空や、踏みしめる大地もわが家だと気づいてください。これができるのは、いま・ここでだけなのです。

ときには疎外感を感じることがあります。淋しくて、まるで世の中のすべてから切り離されたように感じることがあります。いくらがんばっても、さすらい人のように、どうしてもほんとうのわが家に戻れないのです。しかし誰にでもわが家はあるのです。わが家に帰る練修をしてみましょう。

おかしなことですが、私の国では、夫は妻のことを「家内（わが家）」といいます。妻は夫のことを「宅（わが家）」といいます。他人と話をするときには妻は「宅がこう言いまして」とか、「いま、宅は留守をしております」というのです。この表現には、何かある気持ちが托されているにちがいありません。

私たちが「愛しのわが家《ホーム・スウィート・ホーム》」というとき、それはどこにあるのでしょうか。深く見つめる練修をしていくと、わが家はあらゆるところにあると気づきます。木がわが家であり、青空がわが家だと理解できるようになるのです。むずかしい練修のように思えるかもしれませんが、とても簡単です。わが家に戻るためには、ただ、さすらい人であることをやめればよいのです。「お聴きなさい、お聴きなさい。このすばらしい鐘の音が私をほんとうのわが家に連れ戻す」。ブッダの声、鐘の音、陽光、すべてが私たちをわが家に連れ戻そうと呼びかけます。ひとたびわが家に戻れたら、それにふさわしい平和と喜びが訪れます。

クリスチャンなら、イエス・キリストがわが家と感じられたら、とても慰められます。仏教徒なら、ブッダがわが家と思えたら、さぞかしすばらしいでしょう。わが家はいま・ここで手に入ります。キリストはここに、ブッダはここにおられます。どうしたらイエスやブッダというわが家に触れられるかは、練修しだいです。あなたがイエスを「生けるキリスト」と呼ぶのは、イエスはもうここには生きておられない過去の人とは信じられないからです。イエスはつねにここにおられる。どうしたらイエスというあなたのわが家に触れることができるかは、練修にかかっています。仏教徒も同じです。ブッダがわが家だと分かれば、ブッダの名前を呼ぶこともブッダに触れる方法のひとつとなるでしょう。生けるキリストや生けるブッダはあなたのわが家です。

しかし、生けるキリストはただの観念や思いではなく、ひとつの実在です。生けるブッダも同じです。生けるキリストや生けるブッダの実在に気づくにはどうしたらよいでしょうか。こんなふうに練修してみましょう。鐘の音がきこえてきたら、ブッダの存在に気づき、わが家に触れられるかもしれません。心を集中してマインドフルに歩く方法を知っていれば、わが家に気づけるかもしれません。

波のわが家はどこにあるのでしょうか。波のわが家は、自分以外のすべての波であり、水なのです。波が自分自身と他の波に深く触れることができたら、波は自分が水だと悟ります。自分が水だと気づいたら、差別も悲しみも恐怖も超えられるのです。あなたのわが家はイエスであり、神です。あなたのわが家はブッダであり、仏性です。

人格、それとも、人格以上？

先週、不生不死の実在として涅槃のお話をしました。水が波の真の実体であるように、涅槃は私たちの実体です。涅槃が自分の実体であることを悟るには修行が必要ですが、ひとたびこれを悟れば、生・死、存在・非存在の恐怖を超越することができるのです。神も涅槃と同様の表現です。神は存在のよりどころ（根拠）(1)です。パウル・ティリッヒのような神学者たちのことばでは「神は存在の根拠」なのです。

先週、神や涅槃に生・死という観念をあてはめることはできないとお話しました。はじめとかおわりという観念も、究極なるものとは無縁なものです。神とか涅槃を人格とか非人格という観念で説明することはできないからです。神は人格だ、いや、神は人格ではないと、口角泡を飛ばして議論してみても、時間の浪費になるばかりです。仏教の修行では、このような議論自体が諫められます。パウル・ティリッヒの言葉はまことに的を射たものでした。「神は一人格ではないが、しかし人格以下のものではない」(2)。推測や憶測に膨大な時間を費やして、人生を浪費しないようにとの、すばらしい忠告です。

私たちは人間ですが、単なる人間ではなくそれ以上の存在です。では、あなたはただ人間であるだけなのか、それとも同時に木や岩でもあるのでしょうか。自分が人間であって、岩や木でもあることを発見するには、深く見つめる練修をする必要があります。仏教では、人の前世は人間、動物、植物あるいは鉱物であったと考えます。これは科学的に正しいのです。人類の進化を深く見つめたら、前世では岩や木や動物だったことがわかります。人類はつい最近出現した若い生命体で、長い時の流れのなかで現在の人間のすがたに進化してきました。人類がかつて、岩や雲、木、ウサギ、鹿、薔薇、そして単細胞の生きものだったことは、科学的に証明されています。

もっと深く見つめつづけるならば、現在のこの瞬間にも、自分が薔薇やウサギや木や岩でありつづけていることがわかります。これがインタービーイング（相依相関・相即）の真実です。あなたはあなた以外の要素からできています。自分のなかの雲に触れることができ、自分のなかの太陽に触れることができる。自分のなかの木や大地に触れることができるのです。これらの要素があなたのなかに存在していなければ、いまこの瞬間に、あなたは生きて存在することができません。そして前世に木であったばかりでなく、いま・ここにすわっているあなたは木でもあるのです。私が木はあなたのわが家だと言ったのはこういう理由からです。自分のなかのわが家に気づいてください——あなたの「愛しきわが家」を思いだしてください。

わが家を育み、聖なるものを養う

東アジアでは人体を小宇宙とたとえます。宇宙はわが家なので、身体に気づくことによって宇宙に触れることができるのです。瞑想とは静まることであり、こころ静かに坐り、立ち、そして静けさのなかを歩くことです。瞑想とは深く見つめ、深く触れることなので、自分がすでにそのままでわが家に戻っていることに気づけるのです。いま・ここのわが家に。

イエス・キリストは瞑想を実践されました。（バプテスマの）ヨハネがイエスに洗礼を授けたとき、人間イエスのなかに聖霊が生まれ、すがたを現しました。それからイエスは山（荒野）に赴き、四十日のあいだ世間から離れて瞑想を行いました。(3) わが身の完全なる変容をもたらすために、その聖霊を強く育てるためにです。イエスがどのような姿勢で瞑想したかは記録されていませんが、きっと坐る瞑想や歩く瞑想をされたのではないでしょうか。イエスは深く見、深く触れ、自分のなかの聖霊のエネルギーを養い育てる練修をしたのだと思います。もしかしたら、ブッダのように菩提樹のしたに坐ったのかもしれません。

イエスは他者に喜びや幸福、癒しをもたらす力をもっていました。聖霊のエネルギーがイエスの内部にみなぎっていたからです。人はだれでも身内に聖霊の種子を蔵しています。仏教では、これを仏性《ブッダ・ネイチャー》とかマインドフルネスということばで語ります。マインドフルネスは、こころを静めて、いま・ここに戻り、深く見つめ、深く触れる手助けをしてくれるエネルギーです。マインドフルネスによって、この自分がわが家だと気づき、理解しはじめるのです。

私たちが描くイエスのすがたは、いつも十字架のイエスです。これはたいへん痛ましいすがたで、このイメージからは喜びも平和も感じられません。イエスにとっては何とも不公平なイメージではないでしょうか。クリスチャンの友人たちにたのんで、イエスを別のすがたで描いてもらえないものでしょうか。蓮華の花に坐すイエスとか、歩く瞑想をするイエスといったふうに。こうすれば、イエスを観想するときに、心に平和で喜びに満ちたイエスのすがたが沁みこんでくるでしょう。これはわたしの提案です。

みずからを島とし、みずからをたよりとせよ

仏教の伝統では、洗礼の代わりに三宝帰依を行います。師僧とサンガ——霊的共同体——のメンバーに囲まれて、合掌してこう唱えます。「私はブッダに帰依します。私はダルマに帰依します。私はサンガに帰依します」。これもまたわが家に戻る練修です。あなたの家はブッダであり、ダルマであり、サンガです。これらはすべて、いま・ここにあるのです。三宝帰依を

しにインドに行く必要はなく、いま・ここで練修できるのです。自分のなかのわが家に戻っているという感情が深まるかどうかは、この三宝帰依によって決まります。

八十歳の死の床で、ブッダは弟子たちに諭されました。みずからを島とし、みずからをたよりとせよ。(4) 弟子たちが自分自身に戻って深く見つめるならば、みずからのなかにあるブッダとダルマとサンガに触れることができるからです。これはいまを生きる私たちにとっても欠かせないたいせつな練修です。喪失感や疎外感を感じたとき、人生や世界から切り離されたと感じたとき、絶望や怒りや不安を感じたときにはいつでも、わが家に戻る練修をしてください。マインドフルな呼吸は、あなたが自分のほんとうの家に戻るための乗りものになります。わが家に戻って、ブッダとダルマとサンガに出会うのです。マインドフルな呼吸がわが家に連れもどし、あなたのなかにあるマインドフルネスのエネルギーをめざめさせるのです。マインドフルネスこそがブッダの実体なのです。

サンガ、すなわち、共同体はすばらしいわが家です。サンガに戻るたびに、自分の呼吸が前よりも楽になったと感じ、もっと気づきをもってマインドフルに歩くことができ、青空や雲や庭の糸杉をもっと楽しむことができるようになるのです。なぜでしょうか。そこではサンガの仲間たちが一日中わが家に戻る練修をしているからです。歩いたり、呼吸をしたり、料理をしたりして、マインドフルに毎日の活動を実践しているからです。

ちょっと不思議なことですが、呼吸の仕方、歩きかた、微笑みかた、そしてわが家に戻る方法などをプラム・ヴィレッジで習って、自宅に戻って練修をはじめるのですが、プラム・ヴィレッジに戻るたびに、家で練修するときよりも、サンガとともにいるときのほうがもっとうまくできると感じるのです。ひとりではうまくできないのに、サンガの仲間に囲まれていると、いともたやすくできるのです。大して努力しないでも、楽しんでできるのです。こんな体験をしたら、あなたが住んでいるところでサンガをつくってみてください。サンガは避難所です。サンガに避難するのは、信仰や信心のためではなく、練修のためなのです。子どもや仲間や友人たちに、サンガのよさや必要性について話をしてみてください。サンガがあれば、あなたは安全です。サンガがわが家を養い育て、自分を守ってくれるからです。そうすると、あなたのわが家はどこまでもひろがっていきます。雲も、木々も、歩く瞑想をする小道も、あなたのサンガの仲間となります。すべてのものがわが家でありサンガなのです。

修行の力を信じていない人はサンガに加わることはできないと、あなたは思うかもしれません。しかし、マインドフルに呼吸し、マインドフルに歩き、マインドフルに坐ったり微笑んだりする三人、四人、あるいは五人の仲間に囲まれていたら、ある日、その人は自分が自分以上の人間になったような気持ちになるかもしれません。ことばで説明しなくても、その人はあなたのなかに静かで新鮮な、人を幸福にする何かがあることに気づきます。あなたのなかにサンガとダルマとブッダがあるからです。そうなれば、その人をあなたのサンガに招いてあげてください。サンガに避難（帰依）することはとても大切です。わたしは毎日何度でもわが家に戻る練修をしています。

あなたこそわが家

歩いたり、坐ったり、マインドフルに行動してわが家に戻る練修をしていると、私は自分を見失うことがありません。プラム・ヴィレッジに定住しているティン・ツイが数年前に「いつもわたしと一緒」という歌をつくりました。その歌の第一節はこうです。「わたしは長いあいだ私自身のなかに暮らしているので、けっして自分を見失ったことがない。いつも私自身と一緒にいるので、けっして自分を見失ったことがない」。

これはとても大切な練修です。毎日けっして自分を見失わないようにすごしてください。心配ごと、怖れ、渇望、怒り、絶望に心を奪われたら、自分から逃げだして、自分を見失います。いつも自分自身に戻る練修をしてください。あなたはすばらしい乗りものに乗っています。ガソリンを買う必要がないのですから。マインドフルな呼吸、マインドフルな歩きは、自分に戻るすばらしい方法です。

自分自身に出会うと、私には広い空間が見えます。あなたが自分をしっかりと見つめて、自分のなかに戻るとき、あなたのなかに空間が見えてきます。白い雲が流れこんでくるほどひろびろとした空間です。

ティン・ツイの歌のつづきはこうです。「私のなかに未来がある。私のなかに過去がある。だから今日は軽やかで幸せなのだ」。あなたの未来はどこにありますか。過去はどこにあるのですか。ただ自分自身に戻るだけで、あなたの未来や過去を見つけることができるのです。もちろん、ご先祖さまたちもあなたのなかにいるので、自分に戻りさえしたら、ご先祖さまに触れることができるのです。お爺さんもお婆さんもお父さんもお母さんも、みんなあなたのなかに生きています。あなたの先祖はこれまで一度も死んだことがなく、みんなまだあなたのなかに生きています。ただマインドフルな呼吸を練修しさえすれば、みんなに触れて、微笑みかけることができるのです。

あなたの前世は、木や岩や雲やウサギや鹿だったのです。みんないまでもあなたのなかに生きていて、いつでも触れることができます。みんなあなたのわが家だからです。ちょっとふりかえって、自分のなかにあるいろいろな要素に触れてみてください。そうすればあなたのダルマの体（法身）はひろがり、そこにある広大なわが家に気づくでしょう。兄弟、姉妹、子や孫たち、教え子やその教え子たちが、みんなそこに生きています。彼らはあなたのまわりにいるだけではなく、あなたの内部に生きているのです。

　春にレモンの木を思いえがいてみてください。白く美しいレモンの花がたくさん見えませんか。まだその木に実はついていませんが、レモンはすでにそこにあるのです。レモンの花があるから、レモンがそこにあるのです。あなたは若くても、自分のなかの子どもや孫たちに触れることができるのです。子どもや孫たちもまたあなたのわが家の構成員なのです。

　糸杉が見えますか。息を吸い、息を吐き、微笑みながら、糸杉に語りかけてください。「愛しいあなた《ダーリン》、あなたはわたしのわが家です」。踏みしめる大地に深く触れながら、「愛しいあなた《ダーリン》、あなたはわたしのわが家です」。大地は母親であるし、姉妹でもあります。自分の家を見つけるのに、どうして走りまわらなければならないのでしょうか。あなたの家はここにあります。あなたの家はいま・この瞬間です。気づいてみてください。ものも人もすべて、あなたの愛しいわが家の一部です。あなたのなかには広い空間があります。孤立などしていません。あなたは私たちだから、私たちをわが家として抱きしめることができるのです。糸杉も鹿もウサギもみんな「わたしたち」なのです。

　誰にでもわが家が必要です。世界はわが家を必要としていますが、わが家のない若者がたくさんいます。住む家はあっても、心は家なし子《ホームレス》なのです。だからこそ、この世で一番大切な練修は、ひとりひとりに、すべての人にわが家に戻ってもらうことです。彼らのわが家になってください。みんなで家なし子たちのわが家になるのです。目に映るものすべてを、木でも人でも、わが家の一部に触れるように見つめてみましょう。プラム・ヴィレッジでみんなが大好きな歌はこんなふうにはじまります。「ここは浄土です。浄土はここにあります」。浄土はわたしたちのわが家です。

法身のわが家で

イエス・キリストがわが家である人は幸せです。イエスは実在するからです。あなたがイエスをわが家として確認できるのは、イエスが人の子だったからです。ただ神という観念や思いだけだったらそうはいかないでしょう。神は人間のすがたをした実在の人です。子なる神、イエス・キリストです。

また仏教においても法身《ダルマカーヤ》が、釈迦牟尼仏陀というひとりの人間のすがたで具現化されています。人間に触れることができたら、究極・絶対なるものに触れるのはもっと楽になるでしょう。こうして私たちは身体をもつ人間として神を考えるようになりました。人としての神です。

仏教でも、究極の身である法身（ダルマの身体）を、人間のすがたで心に描くことがあります。ひとりの人間であった釈迦牟尼仏陀が、ダルマ（教えの身）を体現されている。仏教の教えによれば、あなたは生身の身体（肉体）やダルマの身体（法身）など、たくさんの身体をもっています。人は自分の内部に法身をもっていて、それに触れることができるのです。いつでも触れることができる仏身（ブッダの身体[5]）を、自分のなかに宿しているのです。

法身ということばは、ブッダの生前から使われていました。ヴァッカリ[6]という僧が病に倒れたとき、ブッダは彼が宿泊していた陶工の家を見舞われました。ヴァッカリはブッダを敬愛していたので、修行僧となったころには、何時間もただひたすらブッダのそばに坐りつづけてブッダの肉体としての身体を観想しました。やがて身体をもつブッダを超えていこうとしたヴァッカリは、ブッダの法身に触れようとしました。ブッダは死の床にあるヴァッカリに「身体のぐあいはどうですか」とたずねられました。ヴァッカリは答えました。「尊師よ、この身はひどく苦しみ、痛みは増すばかりです」。ブッダは言われました。「ヴァッカリよ、あなたのなかに平和がありますか、それとも後悔がありますか」。ヴァッカリはまた答えました。「いいえ、尊師よ、修行への後悔はなく、心は安らいでおります。しかし、たったひとつ憂いがあるとしたら、それはこの病のゆえに、霊鷲山（ギッジャクータ山[7]）でふたたび尊師のおすがたを拝せないことです」。ブッダは答えられました。「さあさあ、ヴァッカリよ、わたしのこの身体は一番大切なものではない。おまえがダルマに触れていれば、片時もダルマを離れないならば、わが法身は、いつもおまえとともにある[8]」。

法身とは教えの身です。法身は自分の力で見つけだすことができるのです。師や兄弟や姉妹が、法身を見つける手だすけをしてくれるでしょう。修行はみずからの法身を見つける道のりです。法身に深く触れれば触れるほど、それだけ幸福になり、心の平安が得られるのです。法身は与えられるものではなく、あなたのなかに深く根ざしています。問題はそれを見つけられるかどうかにかかっているのです。歩く瞑想をしたら、怒りや悲しみを手放すことができ、もっと現実を深く見つめれば、幻や渇望や欲望をすべて手放すことができるのです。あなたのなかに法身があるからです。法身を大切にしていれば、苦しみは軽減され、もっと自由に、もっと穏やかに、もっと幸福になるのです。ブッダとサンガのたすけで、自分のなかの法身を深く見つめてください。法身があなたのなかに深く根ざしているので、仏の身もまたそこにあるのです。あなたは未来のブッダです。人はその身に肉体と法身と仏身を宿しているのです。

神の身体を超えて

科学者は数学という言語で世界を語ります。世界には有能な数学者がたくさんいて、彼らは現実の世界を観察し、数学の言葉で世界を解明するので、数学ほど優れた言語はないと考えます。数学者がこの世界を数学的に見ると、神は最高の数学者だと称賛するでしょう。そうでなければ、どうしていまあるような整然とした世界がつくられたのでしょうか。神が数学者でなければ、このように完璧な世界が創造できるはずがない。

芸術家である画家たちは、色彩と絵筆をつかってキャンバスに美しいイメージを描きますが、神はいかなる画家もおよばない最高の芸術家と信じることでしょう。あなたのまわりを見わたしてみてください。いまあなたが見るもの以上に美しい世界はありません——朝の光、輝く夕日、海、星、木の葉、木々、雲、すべてはあまりに美しい。もし神がすべての画家のうちで最高の画家でないならば、いったいどうして、いまあるすばらしい世界を創造することができたのでしょうか。神は最高の画家だと考える画家たちに分があるようです。

水のなかを楽しそうに泳ぎまわる魚を見てみましょう。魚なら神は最高の泳ぎ手と考えるでしょう。人間にとっては、神は人間だと考えるのがあたりまえです。神は人間をみずからの似姿に創造されたといわれますが、[9]人類はみずからの似姿に神を創造したのかもしれません。この説明はふたつとも正しいのです。時間を浪費して神が人間か否かを議論するのは、時間の無駄というものです。あなたは人間ですが、人間以上でもあるのです。これは宇宙にも、霊にも、神にもあてはまるのです。

信仰の身

仏教では、信仰が人々のエネルギーの源泉と考えます。信仰があれば、そのエネルギーでいのちがさらに輝きます。では、何を信じるのでしょうか。そこが問題です。何かを見たり聞いたりするとき、それが本物で、善きもので、美しいと納得すると、あなたは瞬時にそれに信をおきます。でも気をつけなさい。あなたが信じた対象を、長くは信じてはいられないかもしれませんよ。数時間後か、あるいは数日後には、確信が消えてしまうかもしれません。なぜならば、見るとか聞くといった知覚作用は、おうおうにしてまちがうことがあるからです。また信じたことを実践してうまくいかないと、そのことへの信を失うことがあります。実践してうまくいっても、あとで同じことをもう一度やってみたら今度はうまくいかず、またもや確信がなくなってしまうこともあるのです。なぜでしょうか。答えは、信仰は生きものだからです。信仰はつねに成長しなければならないのです。あなたの信仰が単なる観念であれば、それは生きものではありません。何らかの観念を思いつき、それを信仰の対象にして固執するならば、いずれ信仰を失う危険にさらされることになるでしょう。

信仰は、理解することと知ることに関係しています。誰かが豆腐をつくっているのを見たとしましょう。あなたは自分が豆腐のつくりかたをまちがえるはずがないと思いこんで、ひとりでつくれると自信をもちます。しかし、いざ材料をそろえて豆腐をつくろうとすると、うまくいかず、豆腐になりません。それで仕方なくつくりかたを教えてくれた人のところに戻って、もう一度つくりかたをたずねます。今度は豆腐がつくれるかどうか、その人の前でもう一度つくってみます。そこでちゃんとつくれたら、自分にも豆腐がつくれるという確信がもてるからです。さあ、今度こそ豆腐づくりへの自信を奪うものは誰もいないと確信して、自分の豆腐のつくりかたが、唯一、最高のつくりかただと信じこんでしまうかもしれません。しかし、一、二年経ったら、まったく違うつくりかたで、もっとおいしい豆腐をつくる人に出会うかもしれません。そこで豆腐のつくりかたをもっと学んで腕を磨いていくことになります。豆腐づくりへの信仰は生きものです。その信仰は、見ることと理解することの深さに関わっているのです。

仏教では、知識の手放しを教えます。人は何かを知ると、その知識に固執します。それを手放せないでいると、修行の妨げになります。仏教では知識は障碍《しょうげ》です。人はだれでも知識を溜めこもうとし、ある日気がついたら、溜めこんだ知識が理解を妨げるものになっています。「障碍としての知識」をサンスクリット語でジュネーヤ・アーヴァラナ（所知障）[10]といいます。

知ることと理解することはまったく別ものです。梯子にのぼるときには、下の段を捨てなければ上に昇ることはできません。知識とはそれほどのものです。自分が得た知識を捨てる覚悟がなければ、もっと深い知識を得ることなどできません。科学の歴史がその好例です。理解を増進させる新しい発見をしても、もっと高度で深い発見をするためには、その知識を捨てなければなりません。知識を捨てよという仏教の教えはたいへん重要です。

学びと理解には、いつも信仰が伴わなければなりません。観念をひとつ、理解をひとつ手放すごとに、あなたの信仰が育ちます。二十歳のときに学んだ仏教は、もう手放しました。十五歳のときにいだいたブッダの観念は、いまのあなたのブッダ観とはずいぶん違っているはずです。こうしてあなたのブッダ理解はだんだんと深まっていき、真実《リアリティ》に近づいてきましたが、ブッダをもっと深く理解するためには、観念自体を捨てていかなければなりません。

信仰は理解に応じて変化します。信仰は生きもので、理解がその糧となります。これはとても大切なことで、いつでも心にとめておかなければなりません。観念に固執したり、観念が最高のものだと信じこんだり、自分の知識が人類の最高峰の知恵だと思いこんでしまったら、人は道に迷います。このような思いこみは正しい信仰ではないからです。

神の観念やイエスの理解、ブッダの観念やブッダの理解は、いつでも捨てられるように準備しておかなければなりません。梯子を上に昇ろうとしたら、下のステップを手放さなければ、上に昇れません。下の段を捨ててこそ、上に昇ることができるのです。学びと修行の途上で、下の段はすでにそれなりの役割を果たしたのです。

霊的生活の階段をのぼるためには、ひとつの考えにしがみついてばかりはいられません。修行の過程で、危険や困惑に遭遇して、道を見失いそうになったとしましょう。そんなとき、ひざまずいて神に祈り、あるいは、慈悲深く世の声を聞く菩薩・観世音《アヴァローキテーシュヴァラ》に祈ると、突然事態が好転することがあります。このようなことが起こると祈りの力を信じますが、同じ問題が起こったとき、またひざまずいて祈っても、今度は徒労におわるかもしれません。そうしたら神や観世音菩薩への信仰が失われてしまうかもしれません。こんなときは、自分の理解や祈りかたを調べてみる好機です。何ごとにつけ、自分の信仰を失うのは不快で、苦しみもいや増します。自分の知識に注意するように、とブッダは幾度も警告されました。

信仰は生きている

シクシャーという言葉は学び・学問という意味ですが、仏教では頭（知性）で学ぶことを意味しません。身体でも学ぶからです。たとえば、意識的な呼吸を身につける練修が必要ですが、本気でとりくみ、真剣に訓練をしていくと、自分の吸う一息一息を楽しみ味わえるようになります。ここまで来たらもう練修の必要がなくなります。ただふつうに生活するだけで、ちゃんと意識的呼吸ができるのです。この無学[11]の段階にくると、これ以上学ばなくてもよくなります。

無学というのは、教育を受けていないという意味ではなくて、もはや教育が必要ないという意味です。しかもここでいう教育とは実践のことです。頭ではなく、身体全体でトータルに学ぶことです。

私たちは読経したり、歩いたり、呼吸する訓練《トレーニング》を楽しみますが、医学校にも訓練がありま す。人は訓練をうけて医者や建築家になります。私たちの学びは、心や身体やそのほかすべてのものを使います。変容していくことも訓練の一部です。人間は動物なので、動物が調教される必要があるように、人間にも訓練が必要です。動物は意思に反して調教を受けるかもしれませんが、人間である私たちは、幸福になるために、進んで訓練を受けるのです。

ここではみなが歩く瞑想を練修します。最初に師僧や先輩に歩きかたの手ほどきを受けてから、自分の身体を使い、生活のなかで体験していきます。しばらく歩く瞑想を実践していると、練修に変化があらわれます。はじめたときよりも、ゆったりと楽しく歩く瞑想ができるようになり、気づきが生まれ、この練修への理解が育ちます。さて、あなたは歩く瞑想のよさが確信できたとしましょう。歩く瞑想への自信は、練修という体験で培われたものです。練修するたびにどんどんとうまくなっていきます。実際に練修を体験して学んできたからです。一年たつと、前よりももっとうまく歩けるようになりますが、それは去年たゆまず歩く練修をしたからです。どうしたらもっとうまく歩けるか、その方法がわかってきたからです。いまでは、自分の怒りや心配ごとを手放して、歩く瞑想によって平和と健康をとり戻せるまでになりました。

練修への信仰もまた成長します。簡単なことです。信仰は生きていて、成長しなければならないからです。信仰の成長をたすける糧は、継続的な気づきとより深い現実《リアリティ》の理解です。仏教では、信仰は理解によって養われると教えます。深く見つめる練修をすると理解が深まり、もっと理解が深まれば、それだけいっそう信仰が育つのです。

理解と信仰は生きているので、刻々と消えていくものや、刻々と生まれてくるものがあります。禅宗はこれを過激なことばで表現しました。臨済は言いました。「心せよ、ブッダに会ったら、ブッダを殺せ(12)」と。これほどに厳しい教えを私は知りません。ブッダを観念として受け入れると、とらわれが生じます。ブッダの観念を捨てなければ、修行の道の進歩はないのです。ブッダを殺せ。あなたがいだいたブッダの観念を殺せ。私たちは成長していかなければなりません。成長がなければ、あなたの霊的成長の道は断ち切られてしまいます。

理解はひとつの過程です。それは生きているので、けっして完全に現実を理解したと断言してはいけません。日々の暮らしのなかで、深く、深く生きつづけるならば、あなたの理解は、信仰と同じように成長していきます。

継続は理解の糧です。理解が生まれるためには集中が必要です。数学の問題を解くときには、集中力が要りますね。ラジオをつけて、「ながら族」のように気を散らせていては、問題は解けません。木の前に立ったら、その木に集中します。毎日の生活のなかでも、集中が大切です。食べるときには食べることに集中し、飲むときには飲むことに集中します。三昧《サマーディ》(13)とは集中のことで、心を静めて集中している対象物を深く見つめることです。三昧の練修はとても重要です。一日中、集中を持続させるのです。歩くときには、歩くことに安住し、坐るときには、坐ることに堅固に安住します。息をするときには、自分の呼吸に完全に気づきます。

集中にもその糧があって、マインドフルネスと呼ばれます。マインドフルネスとは、いま・ここに在ることです。マインドフルに食べ、マインドフルに歩き、マインドフルに坐り、そしてマインドフルに抱擁をする。ここで集中が育ちます。集中しているから、理解することができるのです。理解することができたら、信仰が力強く育ちます。マインドフルネス、エネルギー、勤勉が育ちます。

信仰をもつと自分のなかに大きなエネルギーが生まれます。ブッダ、ダルマ、サンガを信じるとき、真・善・美をもつものを心から信じるとき、自分のなかに大きなエネルギーが生まれて、いきいきとしてきます。何も信じるものをもたない人にはエネルギーが生まれません。自分のなかに信仰のエネルギーがみなぎると、足どりは前よりしっかりとし、表情がもっと明るくなります。人を愛し、理解し、たすけ、その人のために働く準備ができるのです。マインドフルネスを充分に練修して、その練修に専念したら、自分のなかに力が蓄えられるからです。

身内に力が湧いてきたら、それは修行やダルマに信仰をもった証拠なのです。

今日は、観念としての信仰ではなく、生命力をもつもの、真の理解によって育まれるものとしての信仰の話をしました。仏教の伝統では、信仰は正しい信仰でなければならないことを、くりかえし、くりかえし学びます。正しい信仰は観念や概念からではなく、真の理解によって育まれ、知性ではなく体験によって育つのです。これが真の信仰というものです。仏教徒とキリスト教徒の対話においても、信仰の問題は、語りあうべき重要な課題だと私は考えています。

サンガはわが家への入り口

これまでお話してきたように、サンガはほんとうのわが家への入り口です。毎日の練修のなかで、サンガづくりを進めていってください。毎日マインドフルネスの練修をしていると、まわりにあるすべてのものがサンガをつくる要素だとわかります。まわりにあるものはすべて、ほんとうのわが家の一部だからです。

国家や社会にとって、ひとりひとりの住人がわが家をもつことは喫緊の課題です。家なき人々が大勢います。精神的にいうならば、われわれの多くは帰るべき故郷を持ちません。だからこそ、帰依の修行は重要なのです。私たちは毎日わが家に戻る練修をしなければなりません。

わが家はいま・ここにあります。私たちの生きた信仰が、わが家なのです。

THREE

Let the Child Be Born to Us

第 3 章

御子よ、われに来たれ

みなさん、今日は一九九六年のクリスマス・イヴです。プラム・ヴィレッジのニュー・ハムレットにある、フルムーン瞑想会堂へようこそ。いま時刻は一九九六年十二月二十四日の午後三時十五分です。これから冬のリトリートがはじまります。当地に着いたばかりのみなさん、ようこそいらっしゃいました。このリトリートはみなさんが戻ってくるふるさとであり、わが家です。

よくクリスマスは子どもたちのためのお祭りといわれます。私はこれに賛成です。私たちのなかに子どもでない人、あるいは、かつて子どもでなかった人はひとりもいないからです。私たちのなかの子どもはいつもここに生きていますが、もしかしたら、その子をちゃんと世話する暇がなかったかもしれません。誰の子も、何度でも生まれ変わることができると私は信じています。その子の霊は聖霊《ホーリー・スピリット》であり、ブッダの霊だからです。宗教が何であれ、子どもに違いはありません。子どもが生きるのはいつも現在のこの瞬間で、子どもには将来への心配も怖れもないのです。だから、いつでもわが子が生まれ変わってこられるように、みなで練修してみましょう。

御子よ、われに来れ。

今夜は人類にとって大切な人の誕生を祝います。この世に光をもたらされたイエス・キリストの誕生です。イエスのような子どもたちが、私たちの日々の暮らしのなかに刻々と生まれでることを祈ります。

仏教では、「ビギニング・アニュー(1)（新しくやりなおす）」という練修をします。私たちの大切な修行のひとつです。「新しくやりなおす」というのは、まっさらな自分に生まれ変わってもう一度やりなおす、という意味です。これはまさに福音です。毎日の瞬間瞬間に生まれ変わって、もう一度、愛することを学ぶ練修です。ひどく心が萎えて、愛する勇気まで失った人たちがいます。人を愛することができないために、大きな苦しみを背負った人たちです。傷の深さに怖れをなして、もう二度と愛を求める気力がない人たちです。ここに集まった人たちのなかにも、私たちのまわりにも、このような人たちがおられるでしょう。この人たちに愛はとり戻せるというメッセージを伝えなければなりません。世界は死に物狂いで愛を求めているからです。

仏教では愛の心、すなわち菩提心《ボーディチッタ》(2)について語ります。自分の苦しみを乗り超えて困難な状況から脱出し、同じ苦しみから他の人たちをもたすけだしたいと願うとき、あなたのなかに力強いエネルギーが生まれます。自他を変容するために、とり組む力が生まれます。それが菩提心といわれる愛の心です。あなたのなかにもうこれ以上苦しみたくないという強い感情が生まれ、他の人々をもその苦境から救いだしたいと願うのです。これは悟り――あなたのなかに「愛の心」や「悟りの心」と呼ばれる力強いエネルギーを生みだす――悟りです。ここからすべてがはじまります。そのエネルギーの源をあなたのなかにいきいきとたもつことができたら、どんな障碍に直面しても克服できるのです。だからこそ菩提心はたいへん重要です。愛するエネルギーがあれば、自分の内部に菩提心が生まれたら、そのときいのちが輝きはじめます。あなたのなかに何ものも怖れない強靭さが生まれます。愛の力があらゆる困難と絶望を克服する手だすけをしてくれるからです。

真実の愛は理解から生まれます。愛の対象である相手を理解し、その苦しみ、困難、真の願いを理解することです。理解から優しさが生まれ、慈悲が生まれ、喜びの捧げもの（offering of joy）、そして、ひろびろとした空間が生まれます。真実の愛は無欲の愛だからです。愛しても、愛してもあなたは自由で、相手もまた自由です。喜びのない愛は、真実の愛とはいえず、ふたりが毎日泣いて暮らすならば、それは真の愛ではありません。愛には喜びと自由と理解がなくてはなりません。

未来のブッダは、愛のブッダ・弥勒《マイトレーヤ》と呼ばれます。(3) 私たちは愛のブッダがこの世に現れるために修行し、未来のブッダを迎えるための礎を準備しています。未来のブッダはサンガという修行の共同体であるかもしれません。サンガは同じ考えを共有する人々の集まりですが、たんに個人が集うコミュニティではありません。愛は集合的に練修されるべきものだからです。これを実現するためには、おたがいがともに練修することが大事です。愛を実現するには、多くの人々が必要です。

愛はひとつのエネルギーです。仏教の練修よって、そのエネルギーの本性を明らかにすることができます。愛のエネルギーがここにあれば、これが愛だと認識できるのです。偽りの愛と真実の愛の違いを見わけられるようになるのが、私たちの練修の成果です。

この愛は信仰（信力）とも言われます。信仰は私たちを下から支え、力を与えてくれるエネルギーだからです。愛と信仰もまた育てるべきものです。それらはただの考えではありませんし、概念やドグマに傾倒することでもありません。愛は生きものであり、信仰も生きものです。愛の道ゆきにはたくさんの学びがあります。上手に愛せるようになり、あやまちも減って、自分がもっと幸せになり、他の人たちをも幸せにすることができるようになります。愛する力があれば、信仰が開花します。信仰をつくりあげている要素は、真の霊的経験や日々の暮らしのなかでの体験といった具体的なもので、思想、ドグマ、教理などにとらわれることではありません。信仰は人生の果実で、成長するものです。信仰もまた愛と同じエネルギーなので、信仰が成長するにつれて、あなたに力が湧いてきます。愛の本質を深く見つめれば、自分のなかの信仰の力が見えてくるでしょう。内に信仰があれば、もはや何ものも恐れるものはなくなります。

何も信じられない人は、もっとも苦しむ人です。美しいものも、真実のものも、善きものも、何も見えなくなり、完全に混乱して、極限の苦しみを味わいます。彼らの苦しみは、私たちが出会うどんな人よりも、さらに深いものであるかもしれません。

何も信じない人は、さまよえる魂のような存在です。どこへ行くべきか、何をすべきかを知らず、生きている意味も見いだせません。肉体的にも精神的にも自己破壊に向かいます。そして今日ほど、自己破滅への道が用意された時代はないのです。

真の信仰が生まれる

愛に真実の愛と苦しみや絶望を引き起こす愛の違いがあるとしたら、信仰についても同じです。人を支え、力と喜びを与えつづけてくれる信仰がある一方で、ある朝、あるいは、夜になったら消えてしまって、孤独な喪失状態に落とし入れる信仰もあります。

信仰をもつと、真理や洞察力を得て、進むべき道がわかったという印象をいだきます。あなたが幸せを感じるのはそのためです。しかしそれはほんとうの道でしょうか。それとも、ただ信仰にしがみついているだけなのでしょうか。このふたつはまったくの別ものです。

ほんとうの信仰は、あなたのいきいきとした愛と幸福の生活から生まれるものです。学びつづけることによって、あなたやまわりの人々の幸福や平和が育ちます。信仰をもつのに、宗教の道に入る必要はありません。信仰という名の観念やドグマに関わるだけなら、それは真の信仰とはなりません。これを混同しないようにしてください。真の信仰ではないのに、力だけが与えられることがあるからです。その力は盲目で人を苦しみに向かわせて、まわりの人々の苦しみを引き起こします。明快で愛に満ち忍耐強いエネルギーをもつことと、未熟で盲目的なエネルギーをもつことは別ものです。そのようなエネルギーからは、大きなあやまちが生まれます。真の信仰と盲目の信仰を区別しなければなりません。これがどの宗教でも陥りがちな問題です。

ブッダの教えでは、信仰は洞察力や直接体験と呼ばれるものからできています。師というものは、自分が得たものを弟子に伝えたいのですが、ことばで教えられるのは観念であって、体験は伝えられません。弟子は自分の力で学んでいかなければなりません。師は自分の体験を概念や観念で伝えないで、弟子がどうしたら自分と同じような体験ができるかを工夫します。たとえば、マンゴーの味を弟子に説明したいと思ったときには、弟子に一切れのマンゴーを手わたしたほうがはるかに良策なのです。弟子はマンゴーの味を直接体験することができるからです。あるいは、あなたが禅仏教の本を書くとしましょう。百冊、二百冊の本を読んで研究し、その知識を駆使して禅についての本を書きますが、それは大して役にはたちません。あなたの生きた直接的な体験から出ていないからです。

悟り、自由、変容は直接体験から起こります。直接体験こそが真の知識であって、知的な認識や観念ではありません。知覚作用の対象としてそこにあるものを深く理解することが真の知識となります。洞察もまた直接体験です。洞察とは、人と話しているあいだに得た概念ではありません。誰かと話しているときに、あなたのなかで何らかの理解の引き金を引くもの、それが洞察です。これもまた直接体験です。洞察はあなたの内部から出てきたもので、人から聞いたことではありません。

混乱や苦しみには重要な働きがあります。悟りや幸福や洞察は、苦しみや混乱という土台があってはじめて生みだされます。「泥のなかから蓮華の花が咲く」[4]とブッダは言われました。大理石のうえに蓮華を植えても、蓮華の花を咲かせることができないように。

仏教徒でも、その信仰に洞察や直接体験がないならば、自分の信仰をもう一度調べてみる必要があるでしょう。ここでいう信仰とは、たんなる観念や思想やイメージとしての信仰ではありません。テーブルを見ると、人はテーブルについての観念をいだきますが、テーブルそのものは、あなたのいだいた観念とはまったく異なるものかもしれません。テーブルを直接体験することが重要です。あなたにテーブルという観念がなくても、テーブルは存在します。テーブルが直接体験としてここに存在するためには、観念をすべて捨ててみることです。

人はまちがった観念や考えをさまざまにいだくものです。それを信じてしまうのは、たいへん危険です。あの考えはまちがっていたとか、あの観念は正しくなかったとか、あの知覚はまちがっていたなどは、あとになってわかるのです。人はたくさんの誤った意識や思想や観念をもって暮らしていますが、このような誤ったものに自己投資すると、人生は危機に瀕します。

たとえば幸福という観念について考えてみましょう。人は誰でも、老若を問わず、幸福について自分の考えをもっています。これこれしかじかのものが手に入ったら幸福になれて、それが実現するまでは幸福になれないと考えています。大なり小なりこのような幸福観をもっているようです。

「あなたの幸福のもっとも基本的な条件は何ですか」と訊ねてみましょう。そして少し考える時間をとってから、幸福への基本的な条件を紙に書いてもらいます。これは幸福について、私たちがどのように考えているかを再吟味するための、すばらしい試みです。仏教では、幸福についての観念は幸福への障碍となります。その観念のために、生涯、不幸なままですごしてしまうからです。思いきって幸福という観念を捨ててしまうとき、真の幸福への扉をひらくチャンスが訪れます。真の幸福は自分のなかやまわりにすでに存在しているのです。

ひとつの観念に傾倒したら、あなたはそれにとらわれて、生涯、幸福にはなれません。自分の考える幸福が実現しなければ、幸福はありえないと考えるからです。だからこそ思いこみが障碍になるのです。幸福への道はたくさんあるのに、たったひとつの道に固執して時間を割くのは、大きな損失です。こんなふうに考えている若者がいるかもしれません。「あの人と結婚できないなら、死んだほうがましだ。あの人がいなければ幸せになれない」。あなたはこんなことで死ぬ必要などないのです。幸せになる方法はほかにもあるのに、ひとつの考えにとらわれているために、幸せはその人とともにいるときにしかありえないのです。

個人でも国家でも、それぞれの幸福論をもっています。ある国のある一団が、彼らの思想を実現できさえしたら、国民全体に最高の幸福がもたらされると信じたとします。その考えとは、経済原理、神学、あるいはイデオロギーであるかもしれません。その国はみずからの幸福論を盲信しているので、万難を排してこの考えを守り抜こうとします。幸福については他のいかなる考えにも反対するので、彼らの幸福の追求は全体主義に陥ります。権力を行使して幸福論を宣揚し、それを実現しようとする政府や政党があるかもしれません。その国がみずからの幸福論を実現するのに、七十年、いや百年かかるかもしれません。これこそが幸福への唯一の道と信じるがゆえに、彼らは市民を苦しめ、大きな悲劇をもたらしました。同じ幸福論を持たないという理由だけで、ソビエト連邦は人々を精神病院に送りこみ、おびただしい数の国民のいのちと彼らの真の幸福を犠牲にして、為政者の幸福論が貫かれたのです。

国家が幸福の夢から覚めるときが来るはずです。彼らはみずからの観念が完全なものでなかったこと、その現実性や国民の真の必要性や願望に合致しないさまざまな局面があることを、悟らなければならないときが来るはずです。国家が国民を英雄にしたいと思っても、国民はそれを望まないかもしれない。幸福という観念を手放せば、その瞬間に、また別のチャンスが訪れるでしょう。しかし、国民が過去の苦しみから学ばないならば、まったく同じあやまちがくりかえされ、別の幸福論にとって代わられるだけなのです。この新しい幸福論がどのくらいつづくか誰にもわからないので、観念はつねに人々を危険にさらすのです。

仏教の修行は、観念を捨てる練修です。観念や知覚作用からの自己の解放をめざします。みずからの幸福についての観念や知覚さえ手放そうとします。

観念や知覚作用よりももっと大切なものがあります。それは苦しみや幸福の直接体験です。信仰が直接体験や洞察から生まれたものならば、それこそが真の信仰で、けっして苦しみをもたらすことがありません。前回は豆腐づくりの話をしましたが、ほかにもおもしろい例がたくさんあります。たとえば、フルーツケーキのつくりかたを習ったとしましょう。何度かフルーツケーキをつくったことがあれば、その体験があるので、フルーツケーキづくりに自信をもちます。フルーツケーキならおまかせ、と自信満々です。しかし、ここでひとつだけ忘れてはいけないことがあります。フルーツケーキづくりの技は進歩するということです。フルーツケーキのつくりかたを熟知していても、世間にはもっと上手につくれる人がいること、つねに技を磨いて、ますます熟練することができることに気づいてください。

たとえば、あなたが何らかの理由で苦しみ、いまやっとその苦しみから抜けだしたとしましょう。苦しみから抜けだす方法は、自分で見つけたかもしれませんし、先生やブラザーやシスターなどの修行仲間が教えてくれたかもしれません。しかし、あなたがその方法を見つけたことで、苦しみから抜けだせたのです。みずから苦しみ、その苦しみから抜けだす方法を見つけたことは、たいへんな悟りです。次にそのような苦しみに出会っても、また同じようにそこから抜けだせる自信ができます。これが洞察であり、直接体験です。これが真の信仰をつくりあげる要素です。

歩く瞑想の学びもまた同じです。歩きかた、現在の瞬間に戻ること、マインドフルな呼吸と足どりをひとつにする方法を学びましたね。歩く瞑想を何度も練修すると、悩みや怒りなどの苦しく否定的なエネルギーから解放されることに気づきはじめます。腹が立ったり、悩んだり、絶望したらいつでも歩く瞑想を三十分か四十分くらい練修してみてください。ずっと気分がよくなるはずです。この味をしめると、もう歩く瞑想をしないではいられなくなります。何が起きても、歩く瞑想をやめられなくなるのです。そして、歩く瞑想という体験が自分を育て、自分を変えてくれることに気づいて、喜びでいっぱいになります。歩く瞑想の力を信じることは、観念や思想を信じることとは別ものです。あなたの直接体験から生まれたものだからです。ここでもひとつ忘れてはいけないことがあります。あなたの歩きかたはどんどんうまくなり、もっと大きな実を結ぶことになるのです。

鐘の音を聴いたり、マインドフルな呼吸をしたり、坐禅をするときも同じです。ここでもけっして口にしてはいけないことがあります。「私の坐禅は最高だ」とか、「歩きかたにかけては誰にも引けをとらない」とか、「怒りの扱いかたなどお手のものだ」など。怒りの扱いかたや歩く瞑想をするなかで、苦しみを解放したり、ただ坐って微笑み、いま・ここのいのちを楽しむ方法をいくら熟知していても、さらに上の境地があって、いつでも改善することができるのです。信仰は生きていて、とどまるところがありません。静止したものではありません。信仰は木々や動物たちのように生きています。

パリの街は生きていますが、パリについての観念や思いは動かないものです。あなたはパリとはこんな街で、パリのことはよく知っていると思いこんでいませんか。しかし、パリは日夜変化しています。たとえ二十回パリを訪れたことがあっても、たとえ二年間ずっとパリに住んでいたとしても、あなたのパリへの思いは、けっしてパリそのものではありえません。パリは刻々と生きていて、あなたのパリへの思いや観念は、ある瞬間に撮影された写真の一コマのようなものです。

さて、信仰は生きものなので、つねに変化していかなければなりません。信仰はたしかに変化するものですが、今日はこれを信じ、明日はまったく別のものを信じるということではありません。一年もののレモンの苗木はレモンの木で、三年もののレモンの木もまたレモンの木です。真の信仰はつねに真の信仰ですが、それは生きもののようにつねに成長していなければなりません。私たちがこのような態度で信仰や愛のありかたを見ていけば、信仰が人を苦しめることはありません。

絶対的真理のようなものを信じるとき、道は閉ざされます。他の人々を理解し洞察する道が閉ざされるのは、信仰の対象が生きたものでなく、単なる観念であるからです。しかし信仰の対象が直接体験や洞察であれば、あなたはつねにひらかれています。修行の成果をみなとわかちあい、信仰と愛と幸福を育てながら、あなたの修行は日々成長します。

信仰や愛の名において、周囲の人々を苦しめる人がたくさんいます。神や幸福や涅槃についての自分の考えが完璧なものだと信じこんだら、それを他人に押しつけたくなるのは人のつねです。これを信じなければ幸せにならないと言って、なんとかしてその考えを人に信じこませようとします。これは滅びへの道で、生涯にわたって他者を不幸に陥れます。信仰と愛の名において、人はおたがいを滅ぼしあいます。信仰と愛の対象が真の洞察から来たものではなく、苦しみと幸福の直接体験でないがゆえに。それらがただの観念や思いにすぎないがゆえに。

幸福という思いや観念は危険なものですが、神についての観念もまたきわめて危険であり、涅槃やブッダの観念すらも同じような危険を孕んでいます。ある日、禅僧が法話のなかでブッダということばを口にしました。つねづねマインドフルネスを心がけていた僧は話をやめて、こう言いました。「私はブッダということばを使いたくありません。このことばには注意が必要です。みなさん、おわかりですか。ブッダということばを使うたびに、私は手洗いに行って、少なくとも三回口をすすがなければなりません」。これが禅の語り口です。

禅僧が自分の苦境をこう説明すると、聴衆のひとりがやおら立ちあがって、微笑みながら言いました。「禅師よ、この私もブッダということばには敏感です。あなたがブッダということばを発するたびに、私は川へ行って三回耳を洗わなければなりません」。彼の意味するところはこうです。「もしあなたがブッダという観念にとらわれないならば、どうぞ、禅師よ、私もまたブッダということばからも、ブッダという観念からも自由だということをご承知おきください」。これが禅のもの言いです。この種のやりとりをとおして、私たちはことばや観念にとらわれてはいけないことを学ぶのです。

ブッダということばや観念は、大きな誤解を招いたり、人々に苦しみさえもたらしてきました。あなたにもブッダについての思いがあるでしょうか。おそらく自分のブッダ観をおもちでしょう。気をつけてください。三年前にブッダについてある考えをもち、二、三年の修行ののちに、また別の考えにたどりつきます。それは前のよりは優れたものかもしれませんが、観念に変わりはありません。

人生はかけがえのないものです。観念や概念のために台なしにはできないほど、貴重なものです。私たちはいつもことばや観念や概念をとりこみながら生きていますが、ここで一度立ちどまって、ふりかえってみてください。一日、二日、あるいは三日のあいだ、ことばや観念をとりこむだけならまだしも、私たちは死ぬまでとりこみつづけます。「涅槃」「ブッダ」「浄土」「神の国」「イエス」のような概念は、ただのことば（観念）にすぎません。このようなことばを使うときには、細心の注意が必要です。観念のために戦争をはじめたり、人を滅ぼすようなことはあってはならないのです。

御子を育てる糧

仏教で実践されている「五力」について話しましょう。最初の力は「信力」です。誰にも信じる力があり、その重要さを知っています。信力もある種のエネルギーです。この力があるといのちが活気づくので、信じる力がない懐疑的な人の目を覗くと、生命力がないのがわかります。信力が活性化されると、瞳が輝きはじめ、顔面が輝き、微笑みがこぼれます。信力はエネルギーであり、力であるので、それなしには生きられません。

五力は五つの力として説明されることがあります。信じることは力です。この信力が芽生えると、身体じゅうが生き生きとし、困難も疲れも知らず、あらゆる障碍に打ち勝つ活力が生まれます。

信力というエネルギーは、第二の力、勤勉（精進力）をもたらします。あなたは活発でエネルギッシュになり、自信と喜びが生まれます。歩く瞑想や坐禅やお茶の喜びをわかちあいます。瞑想に参加するのが楽しみになり、進んで出かけていって、人の苦しみを和らげ、ともに修行の楽しみをわかちあえるようになります。意識のなかのよい種に水をやり、悪い種の力を減らす練修が楽しくなるのです。信力のおかげで、あなたは素晴らしく活動的な人間に生まれ変わります。この練修に励んでいると、身内に次のエネルギーの芽生えを感じます。それが第三の力・マインドフルネス（念力）です。

マインドフルネスは仏教の瞑想行の核心と言われます。マインドフルネスは、いま・この瞬間に、心と身体をひとつにして、いきいきと存在することです。毎日の生活の一瞬一瞬を深く生きるために「いま・ここにある能力」といってもよいでしょう。歩くとき、お茶を味わうとき、友や兄弟や師とともに坐るとき、あなたはマインドフルになります。彼らとともにいる瞬間がかけがえのない瞬間だと気づきます。サンガとともにお茶を味わうことがすばらしいと気づきます。これらすべては、マインドフルネスがここにあることの現れです。マインドフルネスとは、人生の瞬間を深く完全に生きることです。マインドフルネスは、みずからを養い育て癒しながら、生のふしぎに触れることです。人生の苦悩を抱きしめ、喜びと自由に変容する手だすけをしてくれるものです。

あなたが人生に触れることができるのは、現在のこの瞬間だけだと、ブッダは説きます。注意が散漫になったり、身体と心がひとつでないとき、あなたは人生との契りを見失います。マインドフルネスの練修の成果は、勤勉という精神力に表れます。勤勉さがなければ、マインドフルネスは育ちません。

マインドフルネスがそこにあれば、もうひとつのエネルギーが生じます。第四の力、集中のエネルギー（定力）です。マインドフルにお茶を飲めば、身体と心はお茶を飲むという一点に集中します。集中のある生活をすると、そこにあるものに深く触れ、そこにあるものの深さ（深奥）を理解しはじめます。これが洞察です。あなたは身体と心を完全に調和させてそこに存在し、花や木の葉を楽しんでいるとしましょう。心を乱すものは何もなく、全身でその花や木の葉とひとつになります。深く触れ、深く耳を傾け、その本質を深く見つめることができるので、そこにあるものを理解し、そのもののあるがままのすがた（真のヴィジョン）が見えてきます。集中する対象は、花でも人でも、雲、子ども、あなたのコーヒー、あなたのパン、何でもよいのです。

このような理解は、洞察と呼ばれる第五の力（慧力）です。洞察は直接体験の果実なので、この花はもはや観念ではありません。人を深く見つめるとその人は実在となり、マインドフルネスや集中の対象となって、もはや観念でも概念でもなくなります。誰かと暮らしていて、その人の真実のすがたを知らないならば、あなたはその人の実在とともに暮らしているのではなく、自分が捏造した幻（観念）と暮らしているのです。すでにお話ししたように、信仰は観念や概念ではなく、洞察や直接体験という生きた実体によってできているのです。

苦しみや幸福の体験や、そこにあるものとの直接的な出会いによって、信力が培われていくと、あなたの信仰は誰にも奪えないものとなり、すくすくと成長していきます。信力をこのように育てていくと、狂信的な人間は決して生まれません。これは本物の信力で、観念への執着ではないからです。

観念や思いでブッダをとらえてしまうと、あなたはそれが超えられると思いこんでしまいます。ブッダは直接にじかに体験されなければなりません。では、どうしたら観念ではなく、実在としてのブッダを直接的にとらえることができるのでしょうか。答えは簡単です。ブッダの生涯を一〇年かけて学んだからといって、実在のブッダはつかめません。仏教瞑想の生きた伝統によれば、ブッダはあなたがいま・ここで体験することができる生きた存在です。ブッダをブッダたらしめるものは目覚めです。ブッダとは「目覚めた人」なのです。

ブッダはこれこれしかじかの国に生まれ、特別な名前をもち、王族のスッドーダナとマハーマーヤーの息子であったから、ブッダなのではありません。シッダールタがブッダになったのは、そこに悟りの要素が加わったからです。悟りとは何でしょうか。くりかえしますが、悟りについての観念は、悟りとは別ものです。自分のなかを見つめたら、悟りとは自分の内部でつかむ何かだとわかるでしょう。これを理解しはじめると、観念から解放されて自由になっていきます。それが悟りです。あなたは過去において何度も悟りをひらいたことがあったのに、幻と一緒に暮らしていたために、苦しみを味わったこともあったかもしれません。幻や謬見から抜けだしたとき、あなたのなかに悟りが生まれるのです。悟りなんて自分とは無関係だなどと言わないでください。コーヒーを飲むとき、子どもの手をとって歩くとき、あなたがいま・ここに集中して、ほんとうにそこにいるとき、ひとつひとつの行為をもっと楽しむことができるようになり、いま起こっていることをもっと理解できるようになります。これがマインドフルネスです。これが集中です。そのマインドフルネスや集中、洞察こそが、あなたの幸福や平和を増進します。この意識は普遍的で、西洋でも「自己を結束して、そこにとどまれ」[5]という表現があります。ひとつひとつの悟りを寄せ集めて大切に育てていくと、それはあなたの財産になっていきます。その財産があなたの行動や修行や人生の礎となっていけば、豊かな霊性をもった人間に成長していけるでしょう。

人は誰でも苦しみ、そこから多くを学びます。では、その苦しみから何らかの利益《りやく》を得たでしょうか。洞察を得たでしょうか。

マインドフルネスは集中と洞察の力を備えたエネルギーです。そして誰もが自分の中にマインドフルネスがあることを知っています。お茶を飲むときには、マインドフルネスの力がそこにあるように飲み、お茶を飲みながら、いまお茶を飲んでいると気づきます。これをマインドフルネス・ドリンキング（気づきの喫茶）といいます。息を吸いながら、いま息を吸っていると気づけば、マインドフルネス・ブリージング（気づきの呼吸）です。サンガとともに歩きながら、サンガとともに歩いていると気づけば、マインドフルネス・ウォーキング（気づきの散歩）です。いま・ここでお茶と一体となって味わいながら飲むのは、マインドフルネス・ドリンキングです。息を吸いながら、いま・ここで入息と出息に深く触れると、マインドフルネス・ブリージングになります。いま・この瞬間を楽しみながら、一歩一歩サンガとともに歩けば、それがマインドフルネス・ウォーキングです。マインドフルネスはあなたと関係ないよそごとではありません。

誰にも必ずマインドフルネスの力がそなわっています。たとえ一週間でも、あるいは二～三週間でもサンガとともにすごせば、自分のなかのエネルギーがどんどん育っていき、やがて集中力や洞察力が生まれます。そこから信力、愛、幸福がつくられていくのです。マインドフルネスと集中力は、あなたの内なるブッダなのです。

二五〇〇年前まで遡ってブッダに会いにいく必要はありません。ここにこうして坐って、自分のなかにあるマインドフルネスと集中のエネルギーに触れることができるからです。あなたはブッダと一緒にここにいる。あなたはブッダです。たゆまず勤勉に練修をつづければ、日々かけがえのないエネルギーがあなたのなかに育っていくことに気づくでしょう。理解や忍耐や誠意や愛はこのエネルギーの賜物です。ブッダはことばでも観念でもなく、毎日、触れることができるひとつの実在です。信力があれば、自分の考えを他人に押しつけるような全体主義者になることはけっしてありません。いま、あなたの信仰が真の信仰となったからです。

御子を産む

クリスマス・イブには、信仰とエネルギーと聖霊《ホーリー・スピリット》についてお話します。私にとって、聖霊は信じる力であり、マインドフルネスであり、愛と同じものです。聖霊はいつも私たちのなかにあるので、自分のなかの聖霊に触れて、それがすがたを顕す手だすけができれば、マインドフルネスと同じように、聖霊を育てることができるのです。

イエスはヨルダン川でバプテスマのヨハネの洗礼を受けたのち荒野におもむき、みずからのなかの聖霊を育てるために、四〇日そこにとどまりました。この四〇日のあいだに、イエスは坐ったり歩いたりしながら、坐禅や歩く瞑想を練修したに違いありません。残念ながら福音書にはイエスの歩きかたや坐りかたの記録はありませんが、イエスがマインドフルに坐ったり歩いたりしたことはたしかです。

ヨハネが洗礼を授けると、空がひらき、聖霊が鳩のようにイエスのもとに降り立ってイエスのなかに入った、と福音書に記されています(6)。イエスはその内なるエネルギーを強く育てるために荒野に赴き、その後世間に戻り、生涯、人々をはぐくみ癒す奇跡を行いました。

聖霊は育てるものです。聖霊の種がすでにあなたのなかにあるからです。洗礼とは、霊やエネルギーがすでにあなたのなかにあることを確かめる儀式です。洗礼は、あなたのなかにあるこの聖霊を認識し、それに触れることです。洗礼の儀式では、人々は十字を切って、父なる神、子なる神、聖霊なる神がいま・ここに現前されたことを、会衆、サンガ、共同体に知らせます。

洗礼では、受洗者の頭が一、二、三回、水に浸されます。受洗者はその水と聖霊から生まれでるのです。正教会の洗礼では、伝統的に頭全体が水に浸されますが、カトリックでは、受洗者の頭上に祝福の水をそそぐほうが一般的です。(7) このような儀式は、すでに身内に宿っている聖霊の種に触れる手だすけをするために執り行われるものです。人々が霊的に生まれ変わる手だすけをするのがこの儀式です。御子が生まれるのです――あなたのなかの聖霊に触れるたびに、神の子イエスが生まれるのです。

仏法の練修をする人にも同じことがいえます。マインドフルネスの種に触れて、マインドフルネスがあなたのなかに顕れるたびに、あなたのいのちがふたたび生きはじめます。気持ちが散乱すると身体と心はバラバラになり、先のことや過去のことに心を奪われると、いのちのない幻(亡霊)となりますが、マインドフルネスの種に触れたとたん、あなたはいのちを吹きかえし、身体と霊がひとつになります。そのときあなたは生まれ変わるのです。イエスが再生し、ブッダが再生するのです。

瞑想の鐘が聞こえたら、考えごとをやめ、話をやめます。鐘の音にみちびかれて、聖霊とマインドフルネスが息づくほんとうのわが家に連れ戻されるのです。あなたは生まれ変わります。まわりのサンガに支えられて、毎日何度も生まれ変わります。これが復活の練修です。私たちは毎日何度も死に、何度も道に迷います。サンガのおかげで、毎日、何度でも再生するのです。この練修がなければ、日々の生活は見失われ、いのちの再生のチャンスも失われます。罪の贖いや復活は、信仰の題目ではなく、毎日行う練修の対象です。毎日、毎週、ブッダが再生するように練修を積むのです。同じように、イエス・キリストは、クリスマスの日だけでなく、毎日の暮らしのなかで刻々と再生します。毎日がクリスマスであり、日々刻々がクリスマスの瞬間です。私たちのなかの幼子は、毎日、何度も、何度も生まれ変わるのを待っています。

人は死ぬために生まれます。これは事実です。サンガや教会や教師がそこにいなければ、死んで次の再生のチャンスが訪れるまで、長いあいだ死につづけていなければなりません。サンガとともにあれば、再生のチャンスが訪れます。サンガはあなたのいのちの復活の鍵なのです。

霊的生活には着実な進歩が必要です。洗礼を受けても、罪を犯しては告白し、罪を犯しては苦しみをくりかえす人がたくさんいます。ここに進歩があるでしょうか。進歩の跡が見えなければ、その状況を変えていくしかありません。ぐずぐずしている余裕はありません。こんな人生の悲喜劇をやめて、信仰を成長させなければなりません。信仰の成長には、愛が必要です。信仰や愛が成長しつづければ、幸福も育ちます。あなたが鎮まり、幸福で揺るぎなく生きられないで、どうして人の幸福や安定や強さのために手をさしのべることができるでしょうか。

ブラザーやシスター、サンガと一緒に坐り、自分の生活や行動を深く見つめてみてください。誰もがすでに霊的に生まれているのです。毎日自分を見つめ、注意深く生活すれば、生まれ変わるたびに、あなたはもっと強く生きられるようになります。マインドフルネスが育ち、日々集中と洞察が養われていけば、とらわれのない広い心が育ち、堅固な信仰と愛が生まれます。サンガと継続的な練修がなければ、着実な成長は望めません。ついたり離れたり、浮いたり沈んだりをくりかえしていたら、どこにも行きつかず、真の霊的生活が訪れることはありません。

御子の成長をたすける

三宝帰依や五つの気づきのトレーニング(8)を受けると、あなたのいのちがよみがえります。あなたのなかに幼子・聖なる御子が生まれますが、ただこれははじまりにすぎず、三宝帰依は生涯実践しつづけなければならない練修です。ブッダとダルマとサンガに帰依し、父なる神と子なる神と聖霊なる神を抱きしめることは、いわゆる儀式ではありません。この儀式は霊に触れて霊を目覚めさせるひとつの手段にすぎません。毎日の生活のなかに練修を馴染ませなければなりません。食べる、車の運転をする、入浴する、料理をするなどが、その学びの場となります。これはどんな宗教(霊的伝統)でも実践できる練修です。

聖霊を強く育てるために、堅信という第二の秘跡《サクラメント》が行われます。堅信は何のために行われるのでしょうか。あなたのなかに聖霊の幼子が生まれても、まだほんの赤ちゃんで、しっかりと強く育てていかなければなりません。聖霊をはぐくみ育てるのです。ヨハネの洗礼を受けたのちに、イエスもまたみずからのなかに宿った聖霊を育てました。イエスはそのことを知っていたから、荒野に赴いたのではないでしょうか。

堅信を受けるとき、司教は両の手を祝福される人の頭上に掲げます。その手が聖霊のエネルギーの象徴です。このとき原則的には、司教と会衆のなかに聖霊がしっかりと現前していなければなりません。心をひらいて堅信式を受け入れると、あなたのなかの聖霊がつよく育ちはじめるのです。

第三の秘跡では、生涯の伴侶とともに生きることを誓う厳粛な瞬間を刻みます。婚姻の秘跡です。あるいは、人によっては、神とともに生あるすべてのもののために生きる決意をして修道生活に入り、その共同体（サンガ）に生涯を捧げるかもしれません。この場合、叙階の秘跡と呼ばれます(9)。

修道院でも在家でも、生涯、神のエネルギーを受けて生きていくために、第四の秘跡である聖餐式《ミサ》が(10)定期的に実践されます。この秘跡は聖霊がみずからの内に生きており、いつもそこで輝いていることを思いださせる儀式です。聖餐式の秘跡は、あなたが日々刻々と、神の存在のなかで生きることができるときにだけ成功します。これはちょうど、日夜マインドフルネスを生きることができ、身体、感情・感受作用、知覚作用、知覚の対象物のなかで起きていることに気づく仏道修行に似ています。

最後の秘跡は病者の塗油(11)の秘跡です。死にゆく人を安らかにし、新しいはじまりに備える手だすけをする儀式です。この秘跡の成功は、クリスチャンとしての生涯を通して、その人の練修と意欲にかかっています。静かな心（平和）と恐れなき心（無畏）が成功の鍵となります。

しかしこれらの秘跡には、条件がありません。それは日々の練修です。いや、毎時、毎瞬、刻々と自分を強く育てていかなければなりません。聖霊があなたのなかでたくましく育つように、一杯のコーヒーを飲んでください。夕食をつくるときには、あなたのなかの聖霊が元気になるように料理をしてください。

毎日教会に参列するだけで十分でしょうか。いいえ、教会では人はみな親切に見えますが、教会から一歩出ると、親切心はたちどころに消えてしまいます。混乱や怒りや破壊力のほうが優勢になれば、教会での数時間はあえなく潰えてしまうでしょう。

御子をたくましく育む

方法論を学ばなければなりません。心（意識）はどのように働いているのでしょうか。仏教では心の研究がたいへん盛んで、ブッダが説いた経典を読むと、ブッダが心をどのように認識していたかがわかります。心の働きかたについてのブッダの洞察は、仏法の修行の基本となるものです。マインドフルネスは、日々つくられる心のしこり（結）に気づかせ、よいものも悪いものもわけへだてなく世話してくれます。瞑想修行中に、実修者の心に葛藤をおこしたり、心を正邪相争う戦場と化すこともありません。

不二（非二元論[12]）は仏教の教えと修行の根幹です。この練修のやりかたがわかった瞬間に、心はもっと静まっています。あなたは苦しみと否定的なエネルギーをやさしく抱きしめることができるのです。仏教では、前向きで好ましいものをつくるためには、否定的なものが役に立つことを学びます。ゴミの扱いかたを知っていれば、ゴミから花や野菜をつくることができます。ゴミは堆肥になり、堆肥は花や野菜の生育になくてはならないものとなります。よきものも悪しきものも、自分のなかのすべてを抱きしめるのです。

仏教とキリスト教が出会い、二十一世紀に引き継がれていくことは、心踊ることです。仏教とキリスト教の実践者たちが膝突きあわせておたがいに学びあい、両者の真の出会いが実現すれば、キリスト教の内部に大きな変化が起こって、その至宝がすがたをあらわすだろうと、私は考えています。キリスト教の伝統にインタービーイング（相即、相依相関）と不二の洞察をもたらすことができたら、キリスト教の見方に大きな変革がもたらされ、キリスト教の至宝が再発見されることでしょう。

御子のすむ世界

「天にましますわれらの父よ、願わくはみ名をあがめさせたまえ」[13]。私たちが生活のなかでは触れたことがないもうひとつの次元があります。この次元に触れることはきわめて重要です。父なる神の次元、大空・天の次元です。それを涅槃と呼ぼうが、父なる神と呼ぼうが、さして重要ではありません。大切なのは、私たちが触れるべきもうひとつの次元があるということです。

ここでもう一度、海のたとえに戻りましょう。私たちが大海原の表面に生きる波だとしましょう。波たちはおたがいを波として見ていて、自分たちが水からできていて、おたがいを包含していることには気づきだにしません。波であれば、生と死、上昇と下降、私とあなたという区別があります。しかしもうひとつの次元、すなわち、水の次元に触れることができれば、あなたは生と死、私とあなた、上昇と下降などのすべての観念から解き放たれます。

しかし、水の次元と波の次元とは切り離されてはいません。水をとり去ったら、波もなくなり、波をとり去ったら、水もなくなります。波の次元と水の次元というふたつの次元があるのです。霊的生命が生まれるとき、もうひとつの次元、父なる神の次元へと誘われます。「天にましますわれらが父よ、願わくはみ名をあがめさせたまえ」。ここでいう父とは、ふつうに私たちが使う父親、血縁の父親ではありません。父親があなたを産むためには妻が必要です。父親であれば、仕事を得て働かなければならないし、妻やあなたがたを住まわせる家などが必要です。歴史的次元での父親のことを語るならば、配偶者である妻のことも語らなければなりません。

父ということばを使うと、父という観念が助長されますが、もうひとつの意味での「父」は、実在という、もうひとつの次元を意味するものです。だから「父」という言葉や観念につまずいてはいけません。このように「み名をあがめさせたまえ」の「み名」は単なる名前ではありません。老子が言ったように、「名前で呼べる名は真の名ではない」(14)のです。ここに注意が必要です。涅槃はすべての観念の消滅を意味することばなのです。

「父」とは、名を超えた名です。もしあなたが「父」についての観念をもっていたら、注意が必要です。注意してこのことばを使わなければ、行く末は独裁者かもしれません。波は水ですが、波が水を上昇と下降、私とあなたということばで理解するならば、波は水に触れることができません。波が水に触れるためには、これらすべての観念を捨てなければなりません。波は盛りあがったり沈んだりしますが、水には上昇も下降もありません。波は自分が生まれて死ぬ定めだと信じて、上昇するときに波は生まれ、下降するときに波は死ぬと思うのですが、水はすべてから自由です。波が水をことばや観念で理解しようとしたら、波はけっして水に触れるという地点に立ち戻ることはできないでしょう。

同様に、師も弟子もブッダということばに注意を払わなければなりません。ブッダという言葉を発する人は相手がとらわれから逃れられるように発し、聞く人は、何ものにもとらわれないでいられるように聞くのです。では、何にとらわれないのでしょうか。もちろん観念やことばに、です。父なる神に名声は必要ありません。神が有名になる必要があるでしょうか。神は上・下、生・死、私・汝といったことばでとらえられがちですが、これは危険です。「み名をあがめさせたまえ」。これはたいへん強烈な教えです。神がそこに現前するためには、すべての観念を捨てなければなりません。聖霊《ホーリー・スピリット》は私たちのなかにある神のエネルギーですが、聖霊こそが神への正しい入り口です。聖霊はエネルギーであって観念やことばではなく、心の集中（注意）のあるところに現前します。理解があるところに聖霊が宿り、愛と信仰があるところに聖霊が宿ります。聖霊が現前すれば、私たちはみな気づくことができるのです。

マインドフルネスについても同じです。いま・ここで、あなたの前で、シスター（尼僧）がマインドフルであれば、マインドフルネスがここに現前しているとわかり、彼女がマインドフルでなければ、マインドフルネスがここにないとわかります。信仰と愛の力でその瞳が輝いていれば、信仰と愛がそこにあるとわかるでしょう。聖霊と呼ばれるエネルギーについても同じです。聖霊を観念やことばとして認識しないことです。あなたも私も、誰でもその力をもっています。そのときにこそ、観念にもことばにもとらわれず、隷属もせず、聖霊を養い育てる方法を知るのです。

聖霊《ホーリー・スピリット》を育てる

イエス・キリストは聖霊を育てる練修をしました。堅信や聖餐と呼ばれる秘跡の練修は、誰もが自分のなかにある聖霊を育てるためのものです。仏教寺院では、鐘楼の鐘が響くたびに、信仰を強め（堅信）、触れ、復活し、再生するチャンスが訪れます。プラム・ヴィレッジでは、鐘だけでなく電話のベルや時計のチャイムも使って練修します。十五分ごとにチャイムが音楽を奏でると、私たちは聖霊を迎え、自分のなかの聖霊やマインドフルネスに触れるのです。ブラザーが歩き、シスターが微笑む光景もまた、私たちが生まれ変わるチャンスとなります。毎日の生活のほとんどをマインドフルにすごすことが、自分のなかの聖霊を育てる最高の方法です。

「天にましますわれらの父よ」はもうひとつの次元です。毎日の生活のなかで、この次元とともに生きることを学ばなければなりません。もうひとつの次元に行くために、死ぬまで待つ必要はありません。そんなことをしたらあとの祭りです。遅きに失します。神の国に入るために死ぬ必要などないのです。元気に生きているいまこそ、その瞬間です。いまこうして生きているときにしかできないことです。波が水になるのに死ぬまで待たなければならないでしょうか。波はいま・ここですでに水なのに、それに気づかないだけなのです。それを無視するから、波はこんなに苦しいのです。聖霊がここにある、父なる神がここにある、もうひとつの次元がここにあるのです。それに触れるために、それに気づくために、私たちは練修します。「み国を来らせたまえ」とあるように。もっと言えば、御国は来る必要も、行く必要もありません。御国はすでにここにあるからです。仏教ではこれを「不来不去」と言います。

仏教では究極の次元と歴史的次元のふたつを語ります。たとえば、木の葉の歴史的次元を考えてみましょう。木の葉は四月に生まれて十一月に死にます。木の葉は四月前にはこの世に存在していないように見えるし、大地に散ったあとは、存在することをやめたように見えます。それは私たちの見方のせいであり、歴史的次元に十分に深く触れていないためにそのように考えるのです。歴史的次元に十分に深く触れれば、木の葉の不生不死の本質に触れることができるのです。波もまた同じです。波はそこにあるが、上昇する前には存在せず、波であることをやめたあとはもはや存在していない、と理解するならば、あなたは歴史的次元を深く生きていなかったからです。木の葉や波に深く触れていなかったのです。深く触れたその瞬間に、もうひとつの洞察が生まれます。木の葉は永遠で不死の存在だという直感です。木の葉もあなたも、その本質は不生不死なのです。さまざまな観念があるなかで、とりわけ、生・死の観念が捨て去るべき観念の筆頭です。

人は日々、歴史的次元で暮らしています。私たちは聖霊の子であり、ブッダの子であり、ともにマインドフルネスから生まれます。だからこそ、歴史的次元で生活しながら、究極の次元でも生きることが学べるのです。歩く瞑想をしていて落ち葉を踏みそうになったら、生と死の本質が見えるように落ち葉を踏んでみてください。とても無理だなどと考えないでください。ユー・キャン・ドゥ・イット！　あなたにはできるのです。

霊的な子どもとして生まれるとは、練修によって、毎日、もうひとつの次元、父なる神に触れるように生きることです。父なる神に触れる練修です。そのとき、恐れや苦しみが消えていくでしょう。

「みこころの天になるごとく、地にもなさせたまえ」。この聖句は、あなたが目覚めて、歴史的次元と究極の次元の両次元に触れることを意味します。天はこの地上にあり、地は天にあります。波は水のなかにあり、水は波のなかにあります。だからクリスチャンならば誰もが知っているように、ここでいう天は、空間上のある特定の場所ではありません。「我らの父」と「天」は、どこか遠いところにあるのではなく、私たちの心のなかにあるのです。キリスト教とか仏教に関わりません。このふたつの次元に触れるように生きてみてください。

輝いて生きる

「我らの日用の糧を　今日も与えたまえ」。明日のことや昨日のことを思い悩まないでください。必要なのは今日、この日です。[15] 悩みが大きすぎれば、苦しみが生まれます。これは毎日の瞬間を深く生きる練修です。明日のためにみ国があるのではなく、み国はすぎ去った過去にもありません。いま・ここがみ国です。私たちは日々の糧を必要としていますが、パンやミーズリーやバターだけではないでしょう。日々輝いて真に生きるためには、信仰や愛、堅固さや寛容が糧となります。何としてもこの糧が必要です。

今日、数えきれないほど多くの飢えた人々がいます。いまの時代、聖職者を希望する人は多くありません。しかし誰もが飢えて、霊的な糧を求めているのです。彼らは飢えた魂（餓鬼）をかかえて生きています。それなのに、愛の心に突き動かされて僧侶や神父になりたい人がほとんどないのは、このような霊的な糧で彼らをどのように育てたらいいかがわからないからです。私たちは告解と罪をくりかえすやりかたを信じていません。効果的だと思えないのです。しかし仏法もまだ十分に行きわたっていません。だから真の信仰や真実の愛を養い育てることができないのです。観念や思いという糧を求めるばかりでは、いつまでたっても飢えは満たされません。私たちは食べることばかりを口にしますが、実のところ、ほんとうに食べたことがないのです。

イエスはパンを与えられましたが、私たちはまだ、パンではなくその観念を食べています。イエスがあなたや私たちに手わたされたパンは、ほんもののパンです。ほんもののパンを食べることができたら、真の生を生きることができるのです。私たちはほんもののパンではなく、パンということばやパンという観念を食べようとしているだけです。聖餐式を執り行うときも、観念や思いを食べています。「これを受けなさい、わが友よ、これは私の肉である。これは私の血である」[16]。あなたを目覚めさせるために、これ以上の思いきった言葉があるでしょうか。イエスはこれ以上に正鵠を得た言葉を発しえたでしょうか。あなたは観念や思いを食べつづけています。ほんもののパンを食べてください。真に生きるために。いま・ここ、現在のこの瞬間に戻れば、生がここに息づき、これが本当のパンだと悟るのです。この一切れのパンは全宇宙の身体なのです。

キリストが神の身体であるならば、そのイエスがさしだすパンもまた宇宙の身体です。深く見つめてみてください。パンのなかに陽光が見えるでしょう。パンのなかに青空や雲や果てしない大地が見えるでしょう。一切れのパンのなかにないものを数えあげることができるでしょうか。この一切れのパンをもたらすために、全宇宙がここに集まっています。あなたはそれを食べるのです。いま・ここで息づき、輝き、真に生きるように食べるのです。一切れのパンを食べるだけで、いのちが輝きだします。プラム・ヴィレッジでミューズリーをマインドフルに食べる練修をするのは、このミューズリーが宇宙の身体だと知っているからです。あなたはこのミューズリーによって、信仰が可能になるように、愛が可能になるように、そして目覚めが可能になるように、食べるのです。瞑想センターであろうが、自宅のキッチンであろうが、なんの変わりもありません。マインドフルに食べてください。神のみ前で食べてください。聖霊があなたのなかのエネルギーになるように食べてください。そうすればイエスがあなたに与えられた一切れのパンは、観念や思いであることをやめるでしょう。

その一切れのパンはどこにあるのでしょうか。一二人の使徒たちがみんな平らげてしまったのでしょうか。いいえ、パンはまだここにあります。イエスが与えられた一切れのパンは、まだここにあります。私たちがこのパンをいただくチャンスはまだたくさん残っています。ミューズリーかもしれないし、トウモロコシのマフィンやお餅のすがたをしているかもしれません。イエスの一切れのパンはしっかりとここにあります。いま・ここで手に入るすがたで。今夜、あなたはイエスの食卓に招かれました。そして明日も、ずっといつまでも、永遠に。それをいただいてください。あなたがもう一度、いのちを輝かせて生きるために。信じる力、真の信仰、真の愛があなたのなかで育てられるように。そうすれば、あなた自身と他の多くの人々のために、幸福がひとつの現実となるのです。

さあ、クリスマスをお祝いしましょう。幼子の誕生を祝いましょう。しかし、みずからのうちを深く見つめてみてください。私たちのなかにも生みだされようとしている幼子がいるのです。日々の生活の一瞬一瞬のなかに、幼子を生みだしていくために、ともに練修をいたしましょう。メリー・クリスマス！　ジョワイユ・ノエル・ア・ヴ・トゥ！

FOUR

Seeking the Dharma Body, the Body of Truth

第 4 章

法　　身

真理の身体をもとめて

みなさん、今日は一九九六年十二月二十六日です。プラム・ヴィレッジのニュー・ハムレットにようこそ。

今日は、信仰というテーマをもう少し掘りさげてみようと思います。前回は、信仰の対象がたんなる思いや観念であってはいけないとお話ししました。全力で練修にとり組んでいきましょう。洞察や直接体験によって信仰をつくりあげていくのです。

仏教の伝統では三宝帰依（三帰）を行います。「私はブッダ（仏）に帰依する」。「私はダルマ（法）に帰依する」。「私はサンガ（僧伽）に帰依する」。いつもお話しするように、三宝帰依は信仰の問題というよりは、むしろ実践の問題です。ブッダへの信仰を公言するだけでなく、実際にブッダに帰依するのです。しかしブッダに帰依するとはどういうことでしょうか。どうすればブッダに帰依できるのでしょうか。

深く見つめてみると、三宝帰依はふたとおりに理解されます。ひとつは、庇護を求める練修です。人生は危険に満ちているので、誰もが守られたいと願います。いつ何どき、どんな災難が起こるかわかりません。誰でも不安を感じながら生きているので、どこか安心できる場所に避難して、心の守りを固める必要があるのです。このように、仏教でいう帰依は、ブッダのなかに安全を求めることを意味します。

もうひとつ、帰依は、「ブッダとは何か」とか「ブッダとは誰か」についての私たちの理解や洞察にも依存します。私たちの理解や洞察は修行の深浅に応じて変わるもので、「世俗的な仏教」と「深遠な仏教」を区別することもできるでしょう。両者は必ずしも矛盾するものではありません。はじめは、ブッダは自分たちとは違う、誰か別人だと思うかもしれません。神だと考える人もいるかもしれないし、私たちと同じ人間だが、修行を積んで高いレベルの悟り、理解、慈悲に到達した人だと考えるかもしれません。ともかくブッダは自分以外の別人で、その人のもとに帰依しなければならないと考えるのです。「ブッダン・サラナン・ガッチャーミ」――「私はブッダに帰依する」。

練修が進むと、いつかブッダは自分とは別の存在ではないという理解に達し、自分のなかにいるブッダに気づく日が訪れます。ブッダを構成している内実は、マインドフルネス、理解、慈悲というエネルギーだからです。練修がもっと深まり、ブッダの声に耳を傾けていくと、自分の内部に仏性があることに気づきます。あなたには目覚める力、理解と慈悲の力があるからです。こうなるとさらに修行が進んで、内側からブッダを求めるようになってきます。そのとき、ブッダはひとりの人間であることをやめるのです。どこでもブッダに触れることができ、特に、あなたのうちに宿るブッダに触れることができるようになるのです。ブッダの本質である仏性に触れられなければ、ブッダに触れることはできません。歴史的存在のブッダである釈迦牟尼《シャキャムニ》に仏性があるならば、あなた自身にも仏性があるのです。ここが私たちの到達点です。

初期のころは「ブッダに帰依します」と唱えていても、のちに「私は自分のなかのブッダに帰依します」と唱えるようになります。中国、日本、ベトナム、韓国では、このように三宝帰依を朗唱します。「私は自分のなかのブッダに帰依します(1)」と。

＊

「私はブッダに帰依します——この世で道を示す者に」。この世で道を示す「者」は、覚者・釈迦牟尼だという認識からはじまりますが、練修を積むとさらに進歩して、もはやブッダがあなたの外にいる別人ではないことがわかってきます。仏性は自分のうちにあるからです。自分のなかの仏性という本質に帰依するとき、あなたの信仰の対象は、もはや釈迦牟尼と名づけられた人でも、その人の仏性でも、また仏性についての観念でもなく、あなた自身の直接体験となります。このときはじめて、観念としてではなく、ひとつの実在《リアリティ》として仏性に触れることができるのです。仏性とは目覚める能力であり、気づき、集中し、理解する能力です。ブッダとは、いつでも、自分の力で、自分自身のなかで触れることができる生命の本質、リアリティであることをあなたは悟ります。

内なるブッダに帰依する

『プラムヴィレッジ・チャンティング・ブック』(二〇〇〇年度改訂版)のなかに三宝帰依の新訳が入っています。「内なるブッダに帰依しながら、私はすべての人が内なる悟りの本質を認識し、やがて菩提心といういと高き悟りに目覚めるように祈ります(2)」。ブッダに帰依するとは、あなたのなかの仏性に触れ、あなたのなかの悟りの種に触れ、あなたのなかの悟りの本質を直接体験することを意味します。悟りへの思惟と誓いを生みだし、あなたの心をひらいていくために。菩提心は私たちのもっとも深いところにある願望であり、目覚めて、みずからを苦しみから解き放ち、生けるいのちを救いたいという誓願です。

ブッダに帰依するとは、慈愛のエネルギーを生みだす練修です。あなたは自分のなかや周囲の苦しみを見て、みずからのうちにある理解と慈悲と悟りの本質に触れることによってその苦しみを終わらせようと決意します。自分のなかの仏性に触れることができれば、悟りの心が生まれてきます。あなたは生きとし生けるものに安堵と変容をもたらすために、菩薩となる誓いを立てます。熱烈な修行の決意表明です。ひとたび菩提心のエネルギーに満たされると、あなたはただちに菩薩となるのです。

「いと高き心に目覚める」。ここではもっとも高潔な心は菩提心だと簡明直截に語られます——それは慈愛の心を生みだすものです。これはもはや帰依や庇護を求める試みでも、朗唱する決まり文句でもないことがすぐにわかります。それを超えたものです。もちろん、あなたは庇護されますが、これが最高位の庇護なのです。自分のなかの仏性を悟るとき、身内に慈愛の心のエネルギーが満ちるとき、あなたは菩薩となり、いかなる危険にも困難にも立ち向かう力が備わるのです。

内なるダルマ(法)

「内なるダルマに帰依しながら、私はすべての人が法門を学び修し、達成し、ともに変容の道に従事することを願います」[3]。ほんとうにダルマに帰依したいならば、ブッダやサンガによって提供されたすべての教えを学び修し、習得していかなければなりません。「ともに変容の道に従事する」とは、あなたが生活のなかでこれにとり組み、継続し、日々変容の仕事を実現していくことを意味します。またもやこれは信仰や庇護の問題ではなく、練修の問題です。ダルマはくりかえし実践されなければなりません。言明するだけでは、さして役に立ちません。

その誓願に恥じない行動をとり、それを実行していくのです。

サンガの身はあなたの身体

「内なるサンガに帰依しながら、誰もが四つの共同体（四部衆）をつくることができ、すべての生あるものをみちびき、抱きしめ、育て、変容することができることを願う」[4]。四つの共同体、あるいは、四つのサンガとは、僧（比丘）、尼僧（比丘尼）、在家の男性（優婆塞《うばそく》）、在家女性（優蝦夷《うばい》）です[5]。

三宝帰依の第三番目を朗唱するとき、ここにとり組むべきあなたの仕事があります。サンガづくりの手だすけをする仕事です。サンガこそがブッダと仏法の理想を実現する唯一の手段だからです。真のサンガはブッダと仏法を伝える乗りもののようなものです。サンガがなければ、いのちあるものをたすけ、世界を変容していく仕事はできません。サンガに帰依しながら、同時に、サンガをつくる仕事（サンガ・ビルディング）に参画してください。あなたの才覚で、話しあいの場をもち、抱きしめ、しっかりした基盤をもつグループに育てていくのです。サンガを導き、変容し、もっと美しいサンガにしていくのです。

さて、三宝帰依の二番目を古い翻訳と比較してみると、いくらかの相違が見られます。古い翻訳はこうです。「内なるダルマに帰依すれば、みなことごとく三蔵《トリピタカ》（三つの籠）[6]に深く入り、その智慧、大海原のごとく広大たらんことを、我は誓う」。新しい文言はもっと実践的な表現となっています。ダルマに帰依するとは、経典を学ぶだけでなく、法門（教えのかなめ）を把握して、具体的に修行を実践することです。仲間とともに、みずから理解の道に踏みこみます。三蔵には、ブッダ直説の教え（経）や戒律（律）に加えて、ブッダ入滅後一世紀以降に編纂されたブッダの教えの体系的な解説（論）が入っていますが、みなが三蔵に深く参入することを願うだけでは十分ではありません。三宝帰依の三番目は、あなたがリーダーになりなさいという教えです。あなたがサンガを束ね、サンガをみちびくのです。そこに障害などありません。自由に実践することができます。

勤勉な修行者であれば、サンガビルディングがあなたの仕事となるでしょう。どこにいても、自分の時間とエネルギーをサンガのためにそそがなければなりません。具足戒を受けた僧や尼僧、在家の男性、在家の女性（四部衆）からなるサンガを組織して、この四つの構成員をたばね、いのちあるものを抱きしめ、教えみちびき、変容していきます。

さて、ここでクリスマスの日にお話した五力の復習をしておきましょう。信仰（信）、勤勉（精進）、マインドフルネス（念）、集中（定）、洞察（慧）の五つの力です。本筋を正せば、私たちはさらに道を求め、どんどんと先に進んでいかなければなりません。到達点はすでにセットされています。信仰の対象は単なる観念、概念、考えではなく、実在への、真の直接体験への、ほんものの正しい洞察でなければなりません。

「私はブッダを信じます。私はダルマを信じます。私はサンガを信じます」と唱えるとき、あなたがほんとうに先に進みたいならば、ブッダとダルマとサンガは単なる観念であってはいけません。仏教徒ならば「私はみずからのなかに受け継がれた悟りの本質を信じます」と信仰を開陳するかもしれませんが、その人は、ただ明言するだけでなく、それを実行に移し、修行しなければなりません。実際に自分のなかの悟りの本質に触れて、それを認識するのです。そうでなければ修行とはいえず、ただのことば、ただの観念にすぎません。

真の帰依、真の庇護

悟りの本性とはどのようなものでしょうか。仏教徒を含めて悟りの本質を語る人はたくさんいますが、悟りや仏性が何であるかをほんとうに理解している人は稀です。悟りは日常のなかで触れることができるものです。マインドフルネスは自分のなかで生みだされるエネルギーです。歩く瞑想では、踏みだす一歩一歩をマインドフルに歩くので、子どもと一緒にマインドフル・ウォーキングが楽しめます。マインドフルネスはただの観念ではなく、現実の行動なので、これを毎日つづけていくと、マインドフルネスのエネルギーが養われて、自分のなかに力強いエネルギーが育ちます。

プラム・ヴィレッジには、「マインドフルネスはブッダ」という歌があります。マインドフルネスのエネルギーを湧きあがらせて、ブッダを現在の瞬間に呼びだすのです。それはあなたをみちびき、支え、守るエネルギーです。あなたは守られたいのです。それはどのようなエネルギー、どのような力でしょうか。観念でしょうか。いや、観念では守られません。ブッダ、神、聖霊という頭がつくりだした思い（観念）では、あなたを守る十分な力とはなりません。真の庇護を得るためには、観念よりももっと実質的な何かがなくてはなりません。

マインドフルネスは私たちを守るエネルギーです。車を運転するとき、事故が起こらないように守ってくれるのはマインドフルネスであり、工場で働く職工ならば、マインドフルネスがあなたを事故から護ります。誰かと話をするときも、失言させないように気を配って守ってくれるのがマインドフルネスです。マインドフルネスはブッダであり、保護者なのです。観念ではなく、リアルな力としてのブッダです。自分のなかのマインドフルネスの本質に触れられたなら、あなたの基盤は磐石となります。

ブッダや菩薩はこぞって、誰にでも悟りの本性があると説いています。悟りの本性は、あなたが生きて練修していくためのまさに基盤なのです。これがあれば道に迷いません。この基盤から、あなたを守る力としてマインドフルネス、集中力、智慧のエネルギーが生まれ、進むべき方向が見えてきます。進むべき方向がわからなければ、道に迷って不幸になります。進むべき方向を知ることはとても重要で、それが見えなければ、苦しみが募ります。これがブッダの教えから理解される信仰の特質です。

三宝帰依はみなのもの

ブッダに帰依すると、よって立つ基盤や土台が認識できるようになります。それが悟りの本質です。次に、あなたはマインドフルネス、集中、洞察のエネルギーに護られ、第三に、方向性と信じる力を得て、進むべき道が定まります。あなたがあゆむ一歩一歩が、悟り、堅固さ、自在心につながっていきます。悟りのエネルギーがつくられると、堅固で、自由で、喜びに満ちた三つの道が楽しめるようになってきます。

三帰依は初心者のための練修と考える人がいますが、そうではありません。三帰依は誰もが実践すべき練修で、五十年修行を積んだ人でも帰依の練修をつづけなければなりません。みずからのなかのブッダに深く帰依する練修をしていくと、それはすなわち、悟りを求める自力に帰依することですが、第二と第三の帰依が同時に練修されていることに気づきます。ダルマへの道があり、その道を行くと、理解と慈悲の道がひらけます。その道をさらに変容へとつなげるためには、サンガのなかでみずからが変容し、さらに、サンガが集合的に変容していくことを学修しなければなりません。

あなたは人間社会と他の生きものからなるもっと大きなサンガで暮らしています。あなたが練修すれば、人間社会だけでなく、木々や動物や鉱物をも益するものとなるからです。これが拡大サンガです。あなたのサンガは、その成員を守る力をもっています。サンガで暮らしたことがある人は、サンガがなかったら、ブッダやダルマの教えから恩恵を受けられないことをよく知っています。サンガは私たちを守ってくれるので、サンガなしには生きられません。虎が山を降りたら生きていけないのと同じです。もし虎が里に下りてきたら、人間に捕まって殺されるでしょう。属するサンガを失うと道に迷い、あっというまに練修をやめてしまいます。サンガに帰依することが一番大事です。すぐに自分のサンガに戻りましょう。ぐずぐずせずに、あなたを守り、支え、みちびいてくれるサンガで、サンガづくりの手伝いをしてください。サンガは絵に描いた餅でも観念でもなく、現実のものでなければなりません。サンガは日々つくりあげ、日々練修を重ねる対象でなければなりません。

ダルマに帰依することも同じです。ダルマがなければ道に迷います。私はダルマに帰依し、深く信頼し、ダルマを実修してきたので、ダルマなしに生きられません。ダルマと私がひとつになるように練修します。腹が立ったり、夜に目覚めて不安や苦痛に苛まれたり、絶望感に圧倒されるとき、私たちはどうしたらよいのでしょうか。ダルマはいつもあなたのためにそこにあるので、絶望や緊張、体の不調や不安が出てくるたびに、マインドフルネスのエネルギーで抱きしめてください。これがすばらしい練修になります。戦わなくてもよいのです。ただマインドフルな呼吸をして、不安や絶望の感情を優しく抱きしめ、マインドフルネスのエネルギーを招き入れるだけでよいのです。

ときには、興奮のあまり眠れなくなることがあります。それでも明日は長い一日になるのでもう少し眠っておかなければなりません。興奮や不安の原因がわからなくても、息を吸って息を吐きながら、ブッダを招く方法を知っていれば、ブッダはあなたに寄り添い、抱きしめてくれるでしょう。マインドフルネスがあなたの苛立ちや興奮の原因を教えてくれます。何もしなくていいのです。ただ「息を吸って、私はいま不安だと気づく」のです。不安に気づいて、マインドフルネスのエネルギーで不安をやさしく抱きしめてください。マインドフルネスの効果は覿面《てきめん》です。不安や絶望や心の動揺と戦わなければ、数分か十分後にふと気づくと、そこに鎮まった自分がいることに気づきます。その静けさは意識のなかに蔵された種子であり、不安もまた種子としてそこにあります。静けさと不安の種が両方ともあなたのなかにあることに気づくと、余裕が出てきます。不安のエネルギーを抱きしめ、それに向かって微笑んでみてください。意識のなかには、まだもうひとつの種が残っているので、不安の感情が消えるとすぐに、もう一度眠ることができるのです。

ひとたびダルマを心にいだくと、安全と安心の感情が芽生えます。まだ学んでいなくても、方法をマスターしていなくても、とにかくやってみてください。先生やサンガや自分の実践から学んでください。しばらく練修していくとダルマへの自信がついて、ダルマに帰依するようになります。そのとき、ダルマはもはや観念や概念ではなくなります。あなたが実践を通して、ダルマへの帰依の仕方を学んでいるからです。

プラム・ヴィレッジでは、心が乱れたり不安になったら、十五分か二十分ほど歩く瞑想をします。誰でもフレッシュな気持ちと自信が戻ってくることを知っているからです。毎日の練修のおかげで、歩く瞑想の真価や効果をよく知っています。ダルマに信をおくと、ダルマに守られるからです。サンガの導きでダルマを学修することが、私たちの練修です。

真の自由

「仏教徒として、苦しみを深く観ることによって、私は苦しみから抜けだす道を見つけることができると信じます」。これもまた仏教徒の信仰の表明で、三帰依に似たものです——「私はブッダに帰依する。私はダルマに帰依する。私はサンガに帰依する」。深く観ることがもうひとつの信仰表明の方法です。私は苦の本質を深く観るならば、そこからの出口を見いだすことを知っています。これはブッダが最初に説かれたダルマの教えで（初転法輪）、四聖諦と呼ばれるものです。第一の真理は苦しみ（苦諦）です。苦しみを見つめないかぎり、道を理解することができません。この道とは第四の真理（道諦）です。最初の真理がドゥッカ＝苦しみで、第四の真理がマールガ＝苦しみから抜けだす道[7]となっています。

苦しみから逃避すると、苦しみから抜けだす道を探すチャンスを失います。だから苦しみを抱きしめ、その本質を深く見つめる練修をするのです。苦しみの本質を知りそれを見つめるとき、道はおのずからひらけます。あなたはただその道をたどればよいのです。

第二と第三の真理は第一と第四の真理に関連しています。四聖諦のなかで、第一と第四が最も大切な真理です。第二の真理（集諦）は苦しみの性質と原因と根についてで、苦しみの根を見つめると、道が見えてくるのです。変容の道をめざしてこの道を進むと、第三の真理（滅諦）にたどりつきます。それが変容であり、苦しみの終焉です。第一の真理が不幸だとすれば、ここに幸福がきわまります。これは観念や考えを表したものでしょうか、それとも、練修をめざしたものでしょうか。

最初はなぜ自分が苦しまなければならないかがわからず、苦しみが理解できません。しかし、苦しみを深く見つめていくと、苦しみの原因が見えてきます。原因がわかれば、これを治す方法がわかるのです。苦しみに栄養を与えている大もとを切断すると、癒しが起こります。たとえば、肝臓にいろいろとトラブルがあって、あなたを苦しめているとしましょう。その苦しみを深く見つめてみると、あなたの飲食の仕方が見えてきます。肝臓のトラブルを引き起こすような食べかたが原因とわかると、どうすれば苦しみをとり除けるかが見えてきます。暴飲暴食をやめると、癒しがはじまります。これは明らかに観念ではなく、あなたの直接体験です。信仰がめざすものはこの直接体験です。

マインドフルネスは戒の実践によって具体的に理解されます。五つのマインドフルネス・トレーニング（五戒）を読むと、これがマインドフルネスの練修の具体的な説明になっていることがわかります。すべてのトレーニングは、「……に気づきなさい」ではじまります。「……によって引き起こされた苦しみに気づきなさい」。これはマインドフルネスの練修であり、不幸の本質を深く見つめる練修です。あなたのうちに、あなたのまわりの社会に苦しみがあります。苦しみの原因やルーツを知るために、苦しみを深く見つめる練修をするのです。五つのマインドフルネスのトレーニングはたんに信仰の表明ではなく、真の変容と癒しへの道です。

修行への具体的な道

五つのマインドフルネス・トレーニング（五戒）[8]を学修すると、人類がこぞってこれを実践すると、平和と愛と安全と幸福に満ちた世界が実現するでしょう。仏教徒であろうとなかろうと、誰もが五つのマインドフルネス・トレーニングを持して暮らせば、平和と安全と幸福が現実のものとなるに違いありません。マインドフルネス・トレーニングは四聖諦の教えから生まれたものです。誰もが苦しみを見つめ、身をもって苦しみを体験してきました。もうこれ以上の苦しみは御免です。しばし立ちどまって、癒しが訪れるのを待ちましょう。

第一のマインドフルネス・トレーニング

いのちの破壊によって生じる苦しみに気づき、慈悲の心を育て、人、動物、植物、鉱物のいのちを守る方法を学ぶことを約束します。みずから殺さず、他にも殺させず、世界において、私の心のなかや生活において、いかなる殺生をも見すごさないことを決意します。

これは不幸の本質への洞察であり、私たちがとるべき道についての洞察です。このトレーニングを見つめ練修することによって、あなたは信仰の力（信力）に気づきます。五つのマインドフルネス・トレーニングにしたがって練修をすれば、あなたの癒しと世界の癒しが実現し、進むべき方向が示され、洞察から信力が生まれます。マインドフルネスと集中と洞察がこぞって、あなたの信仰の力を育てていきます。

第二のマインドフルネス・トレーニング

社会の搾取、不正、盗み、抑圧によって生じる苦しみに気づき、いたわりの心を養い、人、動物、植物、鉱物の幸福のために働く方法を学ぶことを約束します。私の時間とエネルギーともちもの（物質的資源）を、真に必要とする人とわかちあい、寛容を養うことを約束します。人のものを盗まず、所有しないことを決意します。他人の所有物を尊重し、人の苦しみや、地球上の他の種の苦しみから利益を得ることを避けます。

これもまた不幸についての洞察であり、幸福への道標です。このマインドフルネス・トレーニングは個人で練修するだけでなく、グループや国家単位でも実践すべきものです。あなたの国ではこれが実践されていますか。もしかしたら、発展とか成長とかの名のもとに、あなたの国の政府や議員たちは、自国や国民の心をつかむために、この誓いを破って、他国を食い物にして市場にとりこみ、独占し、その人的資源や自然資源から利益を得ようとしてはいないでしょうか。

この時代に、豊かな未来を可能にするためには、五つのマインドフルネス・トレーニングを集合的に練修していかなければなりません。これがサンガとして練修しなければならない理由です。都市はサンガであり、国家もまたサンガです。もしあなたが市政や国会で働く公務員、作家や教師ならば、このトレーニングを練修して人々を啓蒙することができるかもしれません――市民をこの練修の場に招けば、誰にとっても豊かな未来がひらけてくるでしょう。これはサンガに帰依することです。家族のなかでもサンガをつくってください。あなたが住む都市や国でサンガをつくって、みんなでマインドフルネスのトレーニングを練修してください。たとえば、第一のトレーニングはいのちへの畏敬の念を育てます。あなたは自分で最善を尽くして練修するだけでなく、都市や国から人々を招いて、一緒にいのちへの畏敬の念を育てる練修をしてはいかがでしょうか。

第三のマインドフルネス・トレーニング

性的あやまちによって生じる苦しみに気づき、責任を育み、個人・カップル・家族・社会の安全と規範《インテグリティ》を守るための方法を学ぶことを約束します。愛や長期的な深い関係なしに、性関

係をもたないことを約束します。自他の幸福を守るために、私自身の責任と他者の責任を尊重することを決意します。子どもたちを性的虐待から守り、カップルや家族が性的あやまちによって壊れることがないように最善を尽くします。

家族、都市、国家としても、これを練修していかなければなりません。私たちは健全な種、慈悲の種、尊敬の種を身内に宿しています。真の愛は尊敬と畏敬の念からつくられなければなりません。自分自身や他者を破壊するような愛は、自尊心や他者への尊敬を奪うので、真の愛とはいえません。性的あやまちはこの種の自他への敬意を破壊する行為です。

今日の社会で、風俗産業は恥ずべきものです。最悪の種に水をやる音声や映像をくりかえし再生する性産業は、今日の文明の恥部です。映画制作者は私たちのうちに宿る美しい種に水をやることにあまり貢献できていません。昼となく夜となく、最悪の種に水をやる商品があふれる現在、大人も子どもも悪しき種の水やりにさらされています。映画制作者たちは利潤の追求に走り、大人や子どもの意識を汚染しています。これを食いとめようとすると、彼らは表現の自由をもちだしますが、これは自由などではなく、責任の欠如です。

プラム・ヴィレッジに一か月から三年くらい滞在すると、このような条件づけから自分自身を守ることができるようになります。プラム・ヴィレッジに住んでみると、有害なテレビやラジオの番組に身をさらさず、私たちのなかにある喜びと希望と平和の種に水をやるダルマの雨（法雨）に心をひらきたいと願うようになります。これは変容と癒しが起こる前兆です。逆に害をおよぼす種に心をひらいて否定的な水やりを許せば、病気になり、不安に苛まれつづけることになるでしょう。いまこそ避難（帰依）が必要です。

避難するとは、非難や攻撃から安全に身を守る環境を創ることです。子どもはかよわい存在で、四方八方から否定的な種への水やりや攻撃を受けています。市議会のメンバーとして、政府のメンバーとして、作家として、映画制作者として教師や教育者として、自分自身と子どもたちを守るために、あなたに何ができるでしょうか。五つのマインドフル・トレーニングに取り組んで社会を守っていければ、大きな喜びを生みだします。

第四のマインドフルネス・トレーニング

気づきのないことばや人の話を聴けないことによって生じる苦しみに気づき、人々に喜びと幸福をもたらし、その苦しみを和らげるために、愛をもって語り（愛語）、深く聴くことを約束します。ことばは遣いかたしだいで幸福にも苦しみにもなることに気づき、自信、喜び、希望をもたらすことばで真実を語ることを約束します。ふたしかなことを口にしたり、批判したり、責めたりしないと決意します。対立や不和をもたらすことばをつかわず、また、家族や共同体

の分裂を引き起こすことばをつかいません。いさかいや不和が生じたら、どんなに小さな衝突でも、全力で調停するように努めます。

「気づきのないことばや……によって生じる苦しみに気づき……」これもまたマインドフルネスの練修で、出口を探すために、苦しみの本質を深く見つめます。マインドフルなことばをつかい、愛をこめて話し、深く聴くことは、四聖諦への道です。「私は苦しみの本質を深く見つめることによって、苦しみを逃れる道を知る」と表明するとき、あなたは現実に即した具体的な練修をしているのです。

五つのマインドフルネス・トレーニングは、マインドフルネスを長年修行してきた多くの仏教徒たちの集合的な洞察を蓄積したものです。マインドフルネスの練修や愛語、深く聴くことができないために、多くの家族やカップルが離散していきました。勇気を出して、家族、都市、国がこの練修をするように働きかけてください。いつか国会に出向いて、議員の話しかたや義論に耳を傾けてみるのもよいでしょう。おたがいの話を傾聴できているか、自分の洞察を相手に伝えられているか、それとも完全に離反し、孤立しているのか。もしかしたら、彼らは自分の先入観を押しつけるばかりで、他者の話をよく聴いて学ぼうとしていないかもしれません。議会や国会こそが、第四のトレーニングがもっともよく学ばれ、実践されなければならない場所です。議員たちは生え抜きぞろいです。国家の代表として、国民を代表して、そこにいるのです。たがいに耳を傾けあい、意思疎通を図ることができなければ、国の未来は危ぶまれるばかりです。政府は国民をどう理解しているのでしょうか。いまや国ぐるみで、国民が五つのマインドフルネス・トレーニングを一緒に練修しなければならない時代に入ったといえるでしょう。

第五のマインドフルネス・トレーニング

気づきのない消費によって生じる苦しみに気づき、気づきの飲食や消費を練修することによって、自分自身、家族、社会の身体と心の健康を養い育てることを約束します。私の身体と意識、家族と社会の集合的身体と意識の平和と健康と喜びを守るものだけを摂取することを約束します。アルコールや麻薬などを摂らず、有害なテレビ番組、雑誌、本、映画、会話などを摂取しないことを決意します。私の身体や意識をこのような毒で傷めることは、私の先祖、両親、社会、そして、未来の世代を裏切ることになると気づきます。自分自身と社会のためになる摂取の仕方（ダイエット）を練修することによって、私自身のなか、社会のなかにある暴力、怒り、混乱を変容することに努めます。正しい摂取方法は自己と社会の変容にとって必要不可欠であることを理解します。

これはたいへん重要な練修で、未来の希望となるものです。もし私たちが市や国家として練修することができなければ、現状を変容することができません。五つのマインドフルネス・トレーニングはマインドフルネスの実践の完璧な表明であり、このマインドフルネスは信仰、洞察、集中、そして勤勉の賜物といえるでしょう。勤勉に深く観る練修をしなければ、苦しみの本質を見きわめて、進むべき道を見いだすことはできません。ブッダはつねに、何ものも食物なしに生存することはできない、わが身の不幸さえも、と諭されました。不幸を養う栄養物の根をとり去る方法を知っていれば、それは消えざるをえなくなります。正しいダイエット（摂取）は、私たちと社会が真に必要としているものです。自分自身や社会のために、正しいダイエットを処方しなければなりません。

すでに説明したように、五力の第二番目は勤勉（精進）です。それは勤勉な日々の練修を意味します。自分自身を信じる力があれば、内部に活力が生まれます。その活力のお陰で、菩提心《ボーディチッタ》というもっとも深い願望が生まれるのです。勤勉に修行にとり組み、歩く瞑想、坐る瞑想、見つめる瞑想、聴く瞑想、五つのマインドフルネス・トレーニングを毎日の生活に応用していきます。このようにして、生活の質を高め、自己を変容し癒すと同時に、社会を癒しと理解と慈愛の道へとみちびく手だすけができるのです。

クリスチャンの帰依

使徒信条(9)やニカイア・コンスタンティノポリス信条(10)を吟味してみると、キリスト教にも同様な教えが見つけられるかもしれません。しかし、ここでもことばにとらわれると危険がともないます。信仰の対象が正しい実践や直接体験ではなくて、観念や概念にとらわれていないかどうか、十分に気をつけなければなりません。今日この法話を聞いているクリスチャンの友のために、もう一度、使徒信条を思いだしてみましょう――

使徒信条

我は天地の造り主、全能の父なる神を信ず。

我はその独り子、我らの主、イエス・キリストを信ず。主は聖霊によりてやどり、処女《おとめ》マリヤより生れ、ポンテオ・ピラトのもとに苦しみを受け、十字架につけられ、死にて葬られ、陰府《よみ》にくだり、三日目に死人のうちよりよみがえり、天に昇り、全能の父なる神の右に座したまえり。かしこより来たりて生ける者と死にたる者とを審《さば》きたまわん。

我は聖霊を信ず。聖なる公同の教会、聖徒の交わり、罪の赦し、身体《からだ》のよみがえり、永遠《とこしえ》の生命《いのち》を信ず。

アーメン

ニカイア信条には、こう記されています。「わたしは信じます。唯一の神、全能の父、天と地、見えるもの、見えないもの、すべてのものの造り主を」。これは私たちの本当の家――究極の次元――に戻りなさいというメッセージです。

クリスマスを祝うとき、この信仰の表明を少しだけ振り返ってみるのも意義深いことと思います。

「我は天地の造り主、全能の父なる神を信ず」。これは実在の究極の次元、涅槃を語ったものです。先日、波と水について話しました。霊的生活にみちびかれると、私たちは存在のもうひとつの次元、究極の次元に触れようと努めなければなりません。波は水に触れてみずからの恐れを克服し、観念や思いをすべて捨て去るのです。これはたいへん大切な練修です。究極の目的は、涅槃に到達し、涅槃に触れることです。大いなる安心に身を委ねるために。

＊

「我はその独り子、我らの主、イエス・キリストを信ず」。仏教の伝統では、ブッダは唯一無二の存在ではありません。多くのブッダが現存したからです。過去、現在、未来の数えきれないブッダたちです。しかしすべてのブッダが至高の悟り、大慈悲を体現しています。そして私たちもみな未来のブッダです。誰もが内に仏性を秘めているからです。私たちは波ですが、内に水をいだいています。私たちは歴史的次元に生きていますが、同時に究極の次元をも内包しています。だからこそ観念だけでは語ることができないのです。ここに両者の違いがありますが、だからといってこれがキリスト教とは無縁のものとはいえないでしょう。カトリックやプロテスタントや東方正教会の友の多くは、父なる神が天上ではなく、こころのなかにおられることを、実体験から知っています。問題はどのように神に触れ、どのように究極の次元に触れるかです。洗礼、堅信、聖餐のような秘跡《サクラメント》は、究極の次元に触れ、神に触れるための手段であり、究極の次元がそこにあることを私たちに認識させる方策なのです。だからこの父なる神の「独り子」ということばをもっと深く考えてみたいのです。あなたもまた神の娘であり、息子なのです。あなたはイエスであり、私たちもみなイエスです。どの波も水から生まれるように。ひとつひとつの波は、その実体として水を孕んでいます。どの波も、水の次元を内包しているのです。

仏教、特に北方系の大乗仏教では、誰もが仏性をもっており、誰もが未来のブッダなのです。あなたが未来のブッダだというと、それは歴史的次元の言葉です。究極の次元から観ると、あなたはすでにブッダなのです。波がすでに水であるように。

イエスの法身

仏教の伝統では、ブッダがカピラヴァストゥに生まれようが、別の場所に生まれようが、それは問題ではありません。スッドーダナ王とマハーマーヤー妃の息子かどうかも、大して重要なことではありません。ブッダが母の脇腹から生まれようが、普通分娩であろうが、それも問題ではありません。生後ブッダが七歩あゆんで、足もとに蓮華の花が咲いたかどうか、それも問題ではありません。大切なことはブッダがいま・ここで学べる教えを説き、後世に苦と苦を脱する方法を具体的なかたちで残されたということです。何よりも、誰もがそれを練修できるということです。このような教えと練修をとおして、私たちはたんなる観念としてのブッダではなく、実在としての釈迦牟尼・ブッダに触れるのです。

誰もが師としてのイエスに戻り、イエスを再発見できると考える友がいます。実際にカトリック、プロテスタント、東方正教会の友人のなかにも、このように考えている人がいます。師としてのイエスを再発見し、イエスからダルマを学びたいと望む人たちです。これが真のイエスであり、たんに名前や概念ではなく、イエスという生きた実在なのです。

私たちにはイエスの法身《ダルマカーヤ》が必要です。「カーヤ」とは身体のことですが、イエスの生身の身体ではなく、聖霊でできたイエスの身体を知りたいのです。教えとしてのイエスの身体です。私たちにとって、なくてはならない大切な教えがそこにあるからです。それこそが師から学べることなのです。師とは伝えるべき教えを持つ人だとすれば、その教えを受けたいと望まなければ、師はいないも同然です。イエス・キリストの教えは、苦しみから抜け出す知恵の道であり、教えの身、法身《ダルマカーヤ》と呼び得るものです。ダルマの身とは教えのことです。

釈迦牟尼・ブッダについては、ダルマの身体は手がとどくところにあります。今日、私たちは、ブッダのダルマの身体に触れるために、ここに集っています。五力、五つのマインドフルネス・トレーニング、そして四聖諦の第一と第四の真理はすべて、師としてのブッダの法身《ダルマカーヤ》にあたります。苦しみという境遇から抜けだすためにダルマを必要としているので、ダルマに帰依するのです。私たちは師としての神の御子を求めていますが、それ以上に教えを必要としています。この点が、信仰の対象としてここに明示されていないのです。

イエスの教えは福音書で明快に語られていますが、神学上ではさして重大なものとは考えられていないようです。私たちにはイエスのダルマ（教え）が必要です。どうかそのためのことばを見つけてください。「我は聖霊を信ず。聖なる公同の教会（を信ず）」。しかし聖霊は、どのようにあなたの日々の生活にとどまることができるのでしょうか。イエス・キリストは実践的練修を示しています。「我は聖霊を信ず」だけでは、十分ではないように思われます。イエス・キリストが身をもって教え示したことが、十分に伝えられていません。

私たちが日々守られ、理解し、愛し、生きる力を与えるのが聖霊のエネルギーであるならば、五つのマインドフルネス・トレーニングで示されたように、聖霊を具体的に練修する方法が示されなければなりません。誰もがとり組めて、クリスチャンの伝統のなかでも実践できるような方法はないものでしょうか。聖霊があるところに、真のいのちの現前があり、真の交わりがあり、真の慈愛が存在します。五つのマインドフルネス・トレーニングが実践されるところに、これらのものが確かに存在するのです。

ブッダとキリストをたすける

仏教の伝統では、ブッダとダルマを具体的に生きるサンガがあります。このサンガに真実のブッダと真実のダルマが存在しなければ、真のサンガとはいえません。サンガに調和がなければ、マインドフルネス・トレーニングが実践されていなければ、そして慈悲や洞察や喜びのこころがなければ、真のサンガではありません。僧と尼僧と在家が集っているだけでは、真のサンガにはなりません。外見がサンガに見えても、そこにブッダとダルマが存在していなければ、サンガとは言えないのです。クリスチャンの教会も同じで、父と子と聖霊が教会に存在していなければ、真の教会ではありません。教会は聖霊と父と子が具現化しているところであり、寛容、理解、慈悲が実現するところです。これがサンガ・ビルディングの実践です。

仏教の伝統のなかで、誰もがサンガづくりの仕事を担えるとすれば、カトリック教会やプロテスタント教会、東方正教会でも、みんなで教会づくりの仕事に関わることができるはずです。教会づくりといっても、たんに教会の組織をつくることではありません。教会づくりとは、教会をもっと寛容と理解と慈悲の場にすることです。教会に来るたびに、聖霊に触れることができるような生きかたを実践することが、私が提案する教会づくりです。これはここにいるみなさん全員への招待状です。仏教徒もそうでない人も、宗教に関わりなく、誰もが実践できる練修だからです。

異文化の出会いは、旧来の伝統の刷新に大いに役立ちます。二十一世紀に期待するのはこのような出会いの場です。宗教間の対立があるかぎり、平和はありえません。宗教間の不和を解消するには、異なる伝統間で心をひらいた対話をはじめなければなりません。過去何世紀にもわたる戦争の原因に宗教が介在していたことは否めない事実です。

教会がおびただしい苦しみや戦争の責任の一端を担ってきたことを忘れないでください。聖霊とマインドフルネスが行きわたるようなサンガづくりや教会づくりが、私たちの責務です。慈悲の心と寛容と理解する力を現前させること、これが平和のため、未来の子どもや孫たちのために私たちが行う実践です。

では鐘の音に合わせて、一緒に呼吸の練修をいたしましょう。

FIVE

The Meaning of Love

第 5 章

愛の意味

サンガにお集まりのみなさん、今日は一九九六年十二月二十九日です。アパー・ハムレットで冬のリトリートをはじめます。

今日は信仰と愛のテーマをつづけましょう。私たちは、神は愛であり[1]、力のかぎり神を愛さなければならない[2]、とよく口にするし、福音書の別の箇所にも、隣人を愛する方法を知らなければ神を愛しているとはいえない[3]と記されています。

愛の意味を理解するためには、信仰と愛についてもっと掘りさげて考えてみる必要があるでしょう。先日、存在の基盤としての父なる神についてお話しました。リアリティの究極の次元、いのちの究極の次元としての父なる神についてです。日常何気なく使っていることばの本当の意味を再確認してみる必要があります。愛の真の意味を知るためには、ぜひとも必要です。

究極の次元と歴史的次元はひとつの実在のふたつの側面ですが、問題はこのふたつの次元の関係のほうです。海上の波と波のあいだには関係があります。あなたが海のすべての波を冷静に観察したら、この波があるのはあの波があるからだとわかるでしょう。もっと深く観ると、この波のなかに他のすべての波が観えるでしょう。これがこの世に存在するすべてのものの真相です。一輪の花を見るとき、この花は花でないすべての要素からできていることがわかります。雲も陽光も地球も、あらゆるものがこの花のなかに見えるのです。ひとつのもののなかにすべてを見、多くのもののなかにひとつのものを見るのです（一即多・多即一）[4]。事物や現象のあいだには相互関係があります。すべての波はおたがいに関係しあっています。相互に影響しあいながら、たがいを生みだしています。

同時に、このような現象間の関係のほかにもうひとつの関係があります。波どうしの関係ではなく、波と水の関係です。水の次元から観ると、波はすべて水からできています。究極の次元を語るときには、この次元は私たちとは異なった次元だと気づかなければなりません。それは他の現象的な出来事と私たちとの関係とはまったく別の次元に属しているからです。仏教で究極の次元を扱うときには、歴史的次元の見方とは区別して考えます。波の言語、現象次元のことばで究極の次元を語ることはありません。水について語るときには、究極の次元、すなわち、ヌーメナ（本体）について語ります。

水と波のあいだには関係があります。それは本性《スヴァバーヴァ》と現れ《ラクシャナ》の関係です[5]。波は水であり水から生まれるので、波は水の息子や娘であり、水は波の父と母であるという表現を使います。これは因果関係を表すことばですが、この関係は現象間の関係とは一線を画しています。波の現象的側面を調べたら、この波が存在するためには、あらゆる要素がこの波のなかに収斂していることがわかるでしょう。人間についても同じです。両親や先生、社会や経済のシステムや文化があのような姿をしているので、この人もあのような姿となったのです。波のかたち、性質、価値、幸福、そして波という現象の美しさを決めているのは、このような要素すべてです。

臍《へそ》の緒

この波には父母、兄弟姉妹、そして友だちがいます。仏教では、まわりを見わたして、あなたの父親や母親でないものを見つけるのはむずかしいのです。小石はあなたのお母さん、雲はお父さんです。リスもお父さん、鹿もお母さんです。私たちは外界のすべてと臍の緒でつながっているからです。私たちは臍の緒で雲とつながっているので、雲はお母さんです。この臍の緒が切れたら、雲とのつながりも切れてしまい、生きていけなくなるのです。私たちの身体の七〇%は水からできているからです。雲はまちがいなく私たちのお母さんであり、火がお父さんでもあるのです。すべてのものが父であり、母なのです。ブッダはこう言われました。「生きとし生けるものは、たがいに父であり母である」(6)。上記のような見方をしないかぎり、ブッダのこのことばを理解することはできないでしょう。

しかし、もうひとつの次元、究極の次元、本体《ヌーメナ》の次元を語るときには、注意が必要です。水とすべての波を混同してはいけません。そこには因果関係がありますが、両者はきわめて異質な関係です。波を論じるときの方法やレベルで、水を語ることはできません。仏教の教学では「性相の分別」と言い、はっきりと認識して使います。

何かを説明するときに、次元が異なると意味も違ってきます。「父」ということばは、現象や波のような歴史的次元で用いられるときと、究極の次元や水の世界、あるいは「天にましますす我らの父よ」という文脈で使われるときでは、意味する内容がまったく異なってきます。同じように理解できない別の言語なのです。

仏教では、「涅槃」ということばを使います。それは「父」のようなもので、観念やことばで説明することができないある種の実在を意味します。涅槃の字義は「消えること」ですが、「消える」とは、観念や概念、思いやことばが消えることです——さらにいえば、涅槃とか父なる神ということばさえも止滅することを意味します。したがって、本体の次元を指すことばを使うときには、十分に注意しなければなりません。ことばにとらわれてはいけません。あなたが「思いを尽くして父なる神を愛すべし」と唱えるときや、これに類した発言や深い実践をしようとするとき、歴史的次元で使われることばの意味とは理解のレベルが違うことを、肝に銘じておかなければなりません。あなたは愛する涅槃について語っているのですか？　涅槃はあなたの愛を必要とするでしょうか？　「神は愛だ」と語るとき、はたしてそれはこちら側の歴史的次元で育まれている愛と同じ性質の愛なのでしょうか？

人から人へ

どんな波も自分以外のすべての波につながり、生きものも自分以外のすべての生きものにつながっています。あなたや私、そしてブッダと同じように、イエスもひとつの波です。歴史的次元の波としてイエスに触れることができるからです。まず最初にイエスを師として、人間として、また「人の子」として考えることができますが、イエスは同時に「神の子」でもあります。

ここでは「人の子」としてのイエスを検証してみましょう。人の子としてイエスは五つの要素、すなわち、身体（色）、感受作用（受）、知覚作用（想）、心の形成物（行）、意識（識）という五蘊をもっています。波として、人間としてのイエスに触れることができるのは、イエスと私たちとのあいだにつながりがあるからです。あるカトリックの神父がイエスを「兄弟」と呼びました。みなで聖餐式を行っていたとき、イエスを「我らが兄弟」と呼びかけて祈ったのです。歴史的次元ではおたがいに兄弟姉妹だという意味です。父と母でもあるでしょう。私たちはみんな「人類の息子と娘たち」だからです。この意味では、イエスと人との関係には、人間同士の関係があるといえるでしょう。電話で相手を指名して呼びだすときに、「パーソン・ツー・パーソンでお願いします[7]」と言うように。

＊

人の子イエスは、恐れ多くも師であり、身内に「（キリストの）道」を携えています。「わたしは道である[8]」。この道とはタオの道と同義であり、ダルマ（仏法）です。

ダルマは深く愛すべきものです。道とダルマを内包しているがゆえに、イエスは私たちの師であり、師となってここにおられるのです。道を体現し、ダルマを体現されたために、われらが主なのです。私たちのあいだには愛が存在します。「イエスは私を愛し、私はそれを知る[9]」。私たちがイエスの愛を知ることができるのは、第一にイエスが「人の子」だからです。イエスは生きた存在です。イエスにも五蘊があり、たがいに人の愛の本質をいだき、認めあうことができるのです。師を愛し、弟子を愛しなさい。これが私たちの学びであり、日々の練修です。私たちは師として弟子を愛し、弟子として師を愛する練修をするのです。師に一杯の茶を献じ、師の健康を気づかうのはこのためです。朝食は進まれたか、夜に安眠されたかと案じます。師の健康を気づかい、心労をかかえすぎられないように配慮し、扱いにくい弟子が増えすぎないように心を配ります。

私たちは愛の本質を知り、イエスへの愛を体験することができます。私たちには師が必要であり、弟子が必要です。身近に師がおられれば、幸せを感じます。この愛は現実の愛であり、この手で触れ、心にいだくことができる愛なのです。

涅槃を愛する

しかし「私は神を愛す」というとき、ここでいう神は父なる神であり、究極の次元の存在なので、われらが父、われらが天上の父への愛は、私たちと同じ性質の愛ではありません。「私はブッダを愛する」というときには、まちがいようがありません。ブッダは懸命に自身の学びと洞察を伝えようとされる私の師だからです。ときにはアーナンダ（阿難陀）[10]に足をマッサージしてもらうことが必要であったし、シャーリプトラ（舎利弗）[11]にサンガの組織づくりや、問題の多い弟子たちの世話を頼むこともあったでしょう。病に伏せられたときにもシャーリプトラが必要でした。このように、私たちのブッダへの愛は弟子から師への愛なのです。

しかし「なんじ涅槃を愛すべし」というとき、これはまったく別の問題です。ブッダを愛するように、私があなたを愛するように、涅槃を愛することは至難です。実際に、神を愛するとか涅槃を愛するとはどういうことなのか、しっかりと理解しておかなければなりません。言葉や観念の空まわりから抜けだすために、ここで少しだけ一緒に瞑想をしましょう。

＊

仏教の伝統では、ブッダの身体（仏身）を語ります。もしかしたらこれはキリスト教の三位一体の理解に役立つかもしれません。ブッダはニルマーナカーヤ[12]、すなわち化身（変化身）をもっています。日々の生活のなかで出会うのはこの化身で、わたしたちはブッダの化身や応身に礼拝します。ときには子どもとして、ときに女性として、あるいはビジネスマンや政治家のすがたでブッダが現れることがあります。変身してわたしたちのまえに姿を現されたブッダに気づくためには、しっかりと醒めていなければなりません。

特別にむずかしいことではありません。マインドフルネスがあり、ほんとうの意味でしっかり存在し、慈悲と理解があるところ、いつどこでもブッダは現前します。外見に惑わされないように。ほんもののブッダに対面しているかもしれないのに、その人を見すごして、一目散に遠くのお寺に駆けこみます。お寺に行けばブッダに会えると思いこんで、ほんもののブッダに背を向けてしまうのです。私たちはブッダとは似て非なるもの、ブロンズや銅のブッダを求めて奔走しますが、それらは真の生けるブッダではありません。

私がみなさんにお薦めするブッダの身体がもうひとつあります。ブッダが涅槃に入るとき、弟子たちに自分のもう一つの身に触れるように諭しました。ブッダはこう言われました。あなた方はこの肉体が失われて悲しむかもしれないが、もう一つの私の身体と比べたら、それは取るに足らないものです。それはブッダの教えの身、ダルマカーヤ（法身）です。ブッダの法身に触れるのは、大して難しいことではありません。ブッダには肉体とともに、ダルマの身もあったからです。私にもあなたにもダルマの身があります。その身は成長し、大切に育てれば、おのずと姿を現します。あなたには肉体の身だけでなく、ダルマの身もあるのです。

ブッダは弟子たちに、自分の肉の身体が入寂したのち、弟子たちに自分のダルマの身体に戻ってくるように薦めたのです。これはまず僧や尼僧の僧伽《サンガ》へと、それから広く世界へと伝授された教えの身体（法身）をよすがにせよという意味です。ブッダはこう言われました。「私の肉体は重要ではない。私はこの身体を使って教えてきたが、ダルマの身体もあなたがたに伝えてきた。しかし、こちらのほうがもっと大切で、わたしの法身をあなたがたの幸福のために生かしつづけてほしいのだ」。ブッダには生身の身体以外にいくつもの身体があります。のちに法身ということばは、さらに深い意味で使われるようになりました。それは、存在の基盤、真如《タタター》、あるいは、あるがままの実在《ブータタタター》とも表現されるものです。

よく見れば、ブッダその人への愛とブッダの法身への愛のあいだには違いがあります。あなたはブッダを大切に思い、ブッダの教え（ダルマ）も大切にしますが、ダルマへの思いはすでに違っています。ダルマには伝言も一椀のスープもいらないし、ダルマが病気になることもないからです。それでもあなたはダルマを必要とし、ダルマを信仰し、ダルマを愛します。あなたのダルマへの思いはほんもので、心のまことを捧げます。しかし、あなたのダルマへの愛はブッダその人への愛と同じものではありません。

もう一度、波に戻ってみましょう。波たちがたがいを大切に思うのは、たがいに敵どうしではなく、依存しあって生きているからです。みずからのインタービーイング（相互共存的性質）に気づくと、波はたがいに一体であると知るのです。これが波と波との関係です。この関係を深く見つめていくと、もっと密接な関係が見えてくるでしょう。波と水のあいだの関係です。波が水とつながり、その関係を深く知るようになると、水との切っても切れない関係に気づきます。波はいつも水だと気づくのです。水になるために死ぬ必要はなく、まさにいま・ここで、波は水だと悟るのです。

神の国も同じです。神の国は時空のなかにはありません。神の御国に入るために、死ぬ必要はないのです。あなたはいま・ここで、すでに神の国にいるのです。ただあなたが気づかないだけなのです。

神はわたしたちの心のなかにおられ、神の国は心のなかにある。まさにそのとおりなのですが、このような言明をするときも、実は、私たちはそんな経験をしたことがないために、ほんとうには安心できません。波は自分が水からできていることに気づいているかもしれませんが、仲間内での苦しみや困難にあまりに拘泥しているために、水との深い関わりや、水は他のすべての波の基盤だということを忘れてしまっているのです。

あらんかぎりあなたの神を愛するとはどういうことでしょうか。それはこうです。あなたの現実の向こうにあるもうひとつの次元、究極の次元、神の次元、水の次元に触れるために、日々、神を求めつづけることです。いのちの最奥の次元に戻ってそれに触れようともせず、この現象世界の生活にまみれてときをすごすのは、いかにも残念です。

波が水に触れる

洗礼を受けたり三宝に帰依すると、あなたは自分の霊的伝統の子として生まれ変わります。これは、あなたがいのちに目覚めて霊的成長を遂げるための、またとない励みとなり、好機となります。

たとえば、あなたが有名大学に合格したいと思っているとしましょう。遂に難関を突破して、その大学の学生となり、栄えある身分証明書を手に入れ、図書館や教室に赴く権利を手に入れました。しかしそれで目的達成ではありませんね。大学に入学したということは、そこで学ぶということです。三宝に帰依し、あるいは受洗したら、その霊的伝統の子となり、修行を積んで成長していかなければなりません。仏教であれば、瞑想センターに行って、歩きかたや歩く瞑想の仕方を実修するでしょう。大地に触れるたびに神の国に触れるように歩き、一歩一歩涅槃に触れるように歩きます。法身《ダルマカーヤ》に触れ、いのちの深みに触れます。食べるときには、全宇宙に触れるように食べるのです。

イエスは最後の晩餐のおりに、どのように食べるかを弟子たちに教えました。神の国、宇宙の身体に触れるように食べなさい、と(13)。プラム・ヴィレッジでは、朝食にパンかミューズリーを食べますが、みなで宇宙の身体、涅槃、すなわち、水の次元に触れることができるようにその食事をいただきます。坐禅の一時間だけとか朗唱の半時間だけでなく、練修のチャンスは一日中つづきます。サンガにたすけられて、毎日二四時間ずっと神の国を楽しむことができるのです。あなたはその大学のフルタイムの大学生です。図書館や書物に恵まれ、教授たちの指導のもとで、フルタイムの学生を謳歌します。瞑想道場でも、あなたはフルタイムの修行者として臨まなければなりません。坐禅や歩く瞑想だけでなく、皿を洗ったりお茶を入れるときにも、そのようにふるまわなければなりません。

あらんかぎりの力を尽くして神を愛するとは、こういうことです。毎日一時間とか、数分間だけ、あなたが愛する対象に時間を割くだけではなく、あなたは持てる時間のすべてを捧げて、毎日二四時間、神の国、内なる究極の次元に触れなければなりません。ほんもののフルタイムの学生や修行者になれば、そのときにこそ、あらんかぎりの力を尽くして、ひたすら神を愛することができるのです。

この教えにはもうひとつの面があります。本体《ヌーメナ》の次元に触れるために、あなたはすべての現象《フェノメナ》の次元を捨てる必要はありません。歴史的次元をすべて捨て去れば、触れるべき究極の次元も消え去ります。神の被造物をとおして神に触れる。歴史的次元に深く触れることによって、究極の次元に触れるのです。もし落ち葉を踏みそうになったら、究極の次元に触れる絶好のチャンスです。一枚の葉の生もなく死もない本質に触れることができるのです。

うわべだけの生活をしていたら、あなたは木の葉は生死の世界に属するものだと考えるかもしれませんね。三月のはじめに生まれ、十月のはじめに散り、年の瀬にはあなたがその葉を踏んでいる。ほんとうにそこにいなければ、深く見つめる練修をしていなければ、まじめなフルタイムの学生をしていなければ、生まれて死んでいく生死の葉を踏むだけで終わってしまうでしょう。もしあなたが深く生きていたら、その葉を踏むときに、不生不死の世界の本質に触れることができるのです。生死の世界はただ外見上そう見えるだけだからです。

深く葉に触れたら、その葉があなたに微笑みかけてくれます。「今日は、私が死んだなんて思わないでください。来年の四月にはまた新しい葉になって戻ってきますよ。あなたもまた戻ってきて、私の緑の葉を見てくださいね」。

あなたにも不生不死の本性が備わっています。ひとたび自分の本性・本質に触れることができたら、怖れは消え去ります。最も大きな安堵は怖れなきこと（無畏《アバヤ》）であり、涅槃に触れ、究極に触れ、父なる神に触れることによって、大いなる安堵が得られるのです。

ではどうしたら涅槃に触れられるのでしょうか。現象世界にあるもの何にでも触れてみてください。ひとつの波に深く触れれば、すべての波に触れることができるのです。波の本質はインタービーイング（相互共存・相即）なので、ひとつに触れれば、すべての波に触れているのです。一切れのパンを噛みしめれば、永遠のいのちにあずかります。一切れのパンはあなたの全身であり、全宇宙の身体であるからです。どれだけ深く食べ、触れ、歩くかという行為の質は、集中の度合いや、いま・ここにとどまる練修いかんにかかっています。

究極の次元に触れても、歴史的次元を離れることはありません。波と水の関係は波と波の関係につながっています。だからこそ福音書の理解が可能となるのです。隣人を愛する方法がわからなければ、神を愛することができません。神の祭壇に捧げものをする前に、隣人と和解しなければなりません。[14] なぜならば隣人と和解することが神と和解することになるからです。神の被造物をとおしてはじめて、神に触れることができるのです。さらにいえば、人への愛が実践できなければ、愛の本質や神への愛が何たるかも理解することができません。[15]

生死の世界に触れなければ、不生不死の世界にも触れられません。これがあの一枚の葉からのメッセージであり、またあなたのまわりにあるすべてのものからのメッセージです。一枚の葉に深く触れ、ひとつの波、ひとりの人間に深く触れたら、すべてのものの相互関連性に触れることができるのです。無常、無我、インタービーイングに触れることができるのです。インタービーイングの本質に触れることによって、究極に触れ、神と涅槃に触れるのです。私たちは究極の次元と歴史的次元を区別して語っていますが、実際にはふたつの次元はひとつであり、一体なのです。錯覚や誤見の迷いから目覚めていきましょう。

本質的な苦しみ

人は誰でも苦しみのないところ、平和と幸福だけがあるところに行きたいと願います。天国とか浄土はそんなところだと想像しているのかもしれません。苦しみ、混乱、汚染に満ちたこの世界を捨てて、求めていける場所があると信じたいのです。怒りや憎しみ、絶望、悲しみ、恐れが私たちの心を汚染しています。苦しめば苦しむほど、そこから逃げだしたいと思うのは人の世のつねです。これ以上こんなところにいられない。ここから出ていきたい。「世界よ、とまれ、もう逃げだしたい(16)」。深く見つめてください。幸福や健康(心身ともに健やかなこと)は、苦しみや病気から切り離すことができないものです。幸福と苦しみはインタービーイング（相互依存）しているからです。幻を払拭してください。苦しみのない幸福、病気のない健康、左がない右――そんなものはすべて幻想です。

飢えを知らなければ、食べるものがあるという喜びはけっして理解できません。あなたは空腹をまったく感じないで、いつも満たされているほうがいいですか。それとも、ときにはお腹をすかして、パンやバターやミューズリーを食べる楽しみを味わいたいですか。一度もお腹を空かせたことのない人を想像してみてください。彼らにはまったく食欲というものがありません。お腹が空いていないのに、どうして食べる理由があるのでしょうか。もしかしたらあなたは、ときには食べることの喜びを味わいたいから、お腹を空かせるという特権をとっておきたいのかもしれませんね。喉が渇いていなければ、飲みものに手を出したいとは思わないものです。たとえコカコーラがあっても！　苦がなければ、楽の何たるかがわからないのです。

いつでも手に入る幸せに感謝するには、いくばくかの苦しみが必要です。私はみなさんに息を吸って吐くことのすばらしさに気づいてほしいと思います。喘息の発作、鼻づまり、肺炎、よどんだ部屋の息苦しさを知っていれば、戸外の空気の美味しさ、肺がうまく働いてくれること、鼻がとおっていることが、どれだけ喜びに満ちたことかがわかるでしょう。楽しく歩き、楽に息をする。息を吸って息を吐き、ただこうして歩けるだけで、とても幸せになります。

この二本の丈夫な脚で歩いたり走りまわることができるのも、また大きな喜びです。足の骨折や足首の捻挫は苦しいものです。外に出たくてうずうずしていても、起きあがって外出もできません。歩くことも走ることもままなりません。こんなとき、歩けることの嬉しさ、息ができることの喜び、ただ青空を見つめるだけでワクワクしてくることに気づけるのです。いつでも手がとどくところにある幸運や幸せを心から楽しむためには、いくばくかの苦しみが必要です。すがすがしい朝を楽しむためには夜の闇が必要なように。

幸福の王国

みなさんは苦しみがまったくない王国を想像できますか。きっと気が滅入るはずです。生きる喜びは、死ぬことが何であるかを知るときにのみ生まれます。健康であることの喜び、歩いたり走ったり呼吸をすることの喜びは、死や病気の経験なしにありえないでしょう。苦しみが存在しない場所や王国に恋い焦がれる気持ちは、もう一度よく吟味してみる必要があるでしょう。

神の国は苦しみがない場所と思われていますが、そこでは毎日が幸福だけなのでしょうか。そんなはずはありませんね。浄土——それは仏国土とか楽園とも呼ばれますが——は苦しみが存在しない場所ではありません。天国は愛と慈悲が存在する場所です。これが私の定義です。慈悲の菩薩が地獄に降りてきたら、地獄は地獄でなくなります。菩薩が地獄に愛をもたらすからです。

それでも愛は苦しみなしに存在できません。苦しみは愛が生まれる基盤だからです。もしあなたに苦しみがなく、人々や他の生きものの苦しみを見ることがなければ、愛は生まれず、愛の意味を理解することもないでしょう。苦しみがなければ、慈悲も優しさも忍耐も、そして理解も生まれません。あなたはそんなところに行きたいですか。苦しみのない場所に生きていたら、愛の何たるかがわかりません。愛は苦しみから生まれます。

あなたは苦しみがどんなものか知っているので、みずから苦しみたくないし、他者も苦しませたくないと願います。この思いから愛が生まれます。自分の幸せと他者の幸せを望むこと。これが愛です。苦しみが存在するところ、そこから慈悲が生まれます。慈悲を生み育てるために、苦しみに触れる必要があるのです。だからこそ、たとえ楽園であっても、苦しみが大切な要素なのです。私たちはすでに愛に囲まれた天国のようなところに住んでいますが、内側にもまわりにも、まだまだ嫉妬や憎しみ、怒りや苦しみが存在しています。

私たちが自分や他者を愛し気づかう方法を学ぶのは、なんとかして苦痛や苦悩の支配から解放されたいと苦闘しているからです。自分をもっと苦しめ、他者にさらなる苦しみや誤解を与えるためではありません。愛は実践ですが、苦しみとは何かがわからなければ、慈悲、愛、理解を実践するための原動力が生まれません。

私は苦しみがないところに行きたいとは思いません。そのようなところでは、愛が体験できないからです。苦しむがゆえに、わたしは愛を必要とし、苦しむがゆえに、あなたは愛を必要とするのです。苦しむがゆえに、私たちはたがいに愛をわかちあうのです。こうして愛は実践になるのです。

愛のブッダ・弥勒《マイトレーヤ》は、苦しみのない世界に生まれることは、けっしてありません。この世は愛のブッダ・弥勒が生まれるにふさわしいところです。苦しみから愛がつくられるからです。この苦しみの世界を捨ててしまうような、未熟な世間知らずであってはいけません。涅槃であろうが、神の国であろうが、浄土であろうが、そんな特別な場所を探し求めるのはやめましょう。愛をつくる材料は私たち自身の苦しみです。私たちが毎日、生きて体験する苦しみなのです。

純愛と浄土

長年、浄土経典のベトナム語訳を試みてきましたが、私を悩ませる文章がありました。「浄土に生きる者、けっして苦しみを知らず。幸福を楽しむばかりなり」[17]。この一文があるために、どうしてもこの経典が好きになれなかったのです。結局、翻訳することになったのは、眠れぬ長い夜に、これを翻訳せよという心の声が聞こえてきたからです。

仏典を読んでいると、ときにこのような文章に出会います。仏教学的にいうと、経文には絶対的真理を映すことばと、相対的真理を表すものが混在しているので、私はこの文章が相対的真理を表現しているものと理解することにしました。

マタイによる福音書にも、わたしを悩ませる文章があります。同じ文はマルコによる福音書にもあります。イエスが死の直前に発せられた問いかけです。「わが神、わが神、なぜわたしをお見捨てになったのですか」とイエスは叫びました。「エリ、エリ、レマ、サバクタニ[18]」。これは悲痛なことばです。もし神の子がいて、父なる神につながっているなら、なぜ、見捨てられたというのでしょうか。波が水とひとつであるならば、なぜ波は水に見捨てられて嘆くのでしょうか。だからこそ、経典や福音書を紐解くときには、私たちはしっかりと目覚めていなければなりません。ひとつのことば、ひとつの文章、ひとつの記述にとらわれてはいけないのです。ダルマの身体（法身）を広い視座から見つめなければなりません。

私は道である。道は私と異ならない。道はまた私でもある。私は神の子であり、また、人の子である。これは強烈で示唆に富んでいます。水が波を見捨てたと嘆くのは、この洞察や経験を表すものではありません。神を愛し、涅槃を愛し、水を愛するとは、私たちが真の霊的生活に生まれなければならないことを意味します。人生の時間とエネルギーのすべてをかけて、究極の次元を求め、それを実現しなければならないことを意味します。私たちの誰もがこれを渇望しています。霊的子どもの責務を果たすためには、究極に触れることに生涯を賭けなければなりません。フルタイムの大学生が求められています。そのために、サンガに加わり、仲間とともに実践し、みなでフルタイムの生徒になるのです。阿弥陀仏の浄土とは、学生たちがフルタイムで練修する大学なのです。

昨日、ベトナム語訳した浄土経典のなかに、おもしろい文章を見つけました。目を惹く文はたくさんありますが、特におもしろかったのはこんな文章です。「みなさん、私がブッダやブッダの国について、またその共同体について話すのを耳にしたら、即座にその国に生まれる請願を立てなさい。あなたがこの国に生まれたら、麗しい人々とともに暮らし、未来永劫に至福の者たちに触れるであろう(19)」。このことばは、浄土に生まれたら毎日二四時間、善良で美しい人たちと暮らすことができるという意味です。

このような浄土はどこにあるのでしょうか。どうしたらそのような国に生まれ変わることができるのでしょうか。私にとっては、浄土はここ、いま・ここにあるものです。私たちはみんな阿弥陀仏です。愛の力と愛の心をもち、衆生すべてを幸福にするという大願をもっているからです。私たちひとりひとりが、阿弥陀仏のように行動して浄土をつくり、友を招いて安全で愛すべき環境を彼らに提供しなければなりません。そこでは誰もがフルタイムの大学生として修行することができるのです。みなで力を合わせて浄土をつくる請願を立てましょう。人々が訪れて仲間に加わることができるような修行道場や共同体をつくる願いを立てるのです。

このような浄土や共同体に生まれることは、とりたててむずかしいことではありません。ただ電話一本してこう言えばよいのです。「そちらに行ってもいいですか？　部屋は空いていますか？」と。

勇気をもってすべての執着を捨ててください。執着が残っていたら、浄土に生まれることはできません。浄土に来たら、住人たちに歓迎され、フルタイムの大学生になれるように励ましてもらえるでしょう。

アメリカでもオーストラリアでも、あるいはアフリカに住んでいても、あなたの望みは浄土をつくることです。その浄土はたくさんの人々を幸福にする大学のようなところで、誰でもフルタイムの学生になれるところです。浄土でサンガとともに暮らせば、究極に触れることにあなたのいのちの時間を捧げることがはるかに楽になるのです。究極に触れることによって、自分自身が解放され、人々のためにみずからの愛が育てられるからです。

無限の光と無限のいのち

私たちは阿弥陀仏のようにならなければなりません。ほんのひとりかふたりの幸せを願うのではなく、たくさんの人々の幸福づくりにもっと情熱をそそぎたいという誓いを立てるのです。阿弥陀仏の道は浄土づくりへの道です。アフリカに浄土を、アジアに、北アメリカに、南アメリカに浄土をつくりましょう。これが悟りと愛の仕事です。

阿弥陀仏とは誰でしょうか。あなたが阿弥陀仏なのです。なぜならば阿弥陀仏は、その光をはるかかなた、万象の世界にとどけることができる人だからです。浄土経典にある阿弥陀仏の定義に耳を傾けてみましょう。

舎利弗《シャーリプトラ》よ、そのブッダはなぜ阿弥陀と名づけられたのか。
かの者の無量光は、無限の世界へと放たれ、
遮るものがないがゆえなり。(20)

その光はマインドフルネスの光、愛の光、プラクティス（練修・修行）の光です。

舎利弗《シャーリプトラ》よ、そのブッダはなぜ阿弥陀と呼ばれるのか。
彼の者の寿命とその国の民の寿命は
ともに無際限であるがゆえなり。(21)

マインドフルネス、慈悲、そして深く見つめる練修は、不生不死の世界に触れて、わたしたちを悟りへと導いてくれます。ゆえに寿命は無際限となるのです。

さて、お正月にはもう少し愛のテーマをつづけましょう。仏教の伝統によると、元日は未来に来たるべき慈愛のブッダ（弥勒）の記念日です。

SIX

Jesus and Buddha as Brothers

第 6 章

イエスとブッダは兄弟

みなさん、今日は一九九七年十二月二十四日です。プラム・ヴィレッジのロアー・ハムレットで、クリスマスの法話の集いを行います。はじめに少しだけ鐘を招く練修の話をしましょう。鐘の音の招きかたについて話すのは、今夜、みんなでたっぷりと鐘の音を聴くことにしているからです。

鐘の音とともに心を送る

子どものころ、私はよく母や姉や父に連れられて村の仏教寺院に通ったものです。いつも鐘の音を聞いていましたが、その意味がよくわかりませんでした。鐘の音を聴きながら、おしゃべりをしている人たちがいたのを覚えています。

私は十六歳のときに得度して見習い僧（沙弥）になりましたが、仏道修行に入ってはじめて、鐘の音のほんとうの意味に目覚めたのです。当時、暗記するようにと渡された小冊子（瞑想の手引き[1]には、五五の偈《げ》（短い詩）が書かれていて、そのなかに鐘の音を招いて、耳を傾ける偈がいくつかありました。素晴らしい偈でした。そのとき初めて、僧侶にも在家にも、鐘の音がいかに大切なものかを知ったのです。

私たちはいつも「鐘は招くもの」と教えられました。このほうが「鐘を打つ」とか「鐘を叩く」よりも優しく思いやりがあるからです。鐘の音を招いて響かせる前に、深く入出息をしながらこの偈を唱えます。

身体と口と心（身口意）をひとつにして、
鐘の音とともに私の心を送る。
この音を聴くものが妄念から目覚め、
あまねく不安と悲しみの道を超えられますように。

一行目を唱えるときに息を吸います。次行を唱えるときに、息を吐きます。静かに心のなかで唱えてください。四行の偈を唱えると、あなたは静まり、ゆるぎなく、しっかりと定まり、鐘の音に触れる準備が整います。

＊

鐘の音を招くとき、その音に耳を傾ける人たちに、あなたの愛と歓迎の気持ちと願いを送ります。この音を聴く人たちの苦しみがやみますように、と祈ります——マインドフルな呼吸の練修がはじまると、心に平和と喜びのエネルギーが湧きでて、怒り、苦しみ、絶望のエネルギーが変容していきます。鐘を招いて、まわりの人々にその音をとどけるのは、深い慈悲の行為です。全身全霊、心をこめて鐘を招きます。

また鐘の音の聴きかたの偈も暗唱しました。鐘の音が聞こえてきたら、深く聴く練修をします。

鐘の音を聞きながら、私のなかの苦しみの種が溶けはじめるのを感じる。
心と身体が静まり、唇に微笑みが浮かぶ。
鐘の音にみちびかれて、私はマインドフルネスの洲（島）に戻り、
心の園に平和の花が美しく咲く。

鐘の音を聴く修行として、私たちはこれらの偈をみんな空で言えました。鐘の音を招いて耳を澄ますと、心のなかに静かで、揺るぎなく、喜びに満ちたエネルギーが湧きあがってくるのです。

＊

一二月二四日の今夜、みなでいっしょに坐禅の練修を行います。今日の坐禅は特別で、一五分ほどしたら、ロシア北部の教会の鐘が響きはじめます。水を打ったような静けさのなかで、二〇分ばかりロシア北部の東方正教会の鐘を聴きます。鎮まり、山のように堅固に、空気のように自由に坐りましょう。鐘の音にみちびかれて、内なる堅固さと喜びの種に触れてみましょう。上手くいけば、喜びと愛と平和の種があなたの心の園に花のように咲きはじめるかもしれません。あなたは本来の鐘のすがたに出会うのです。

仏教寺院の鐘の音も、東方正教会の鐘の音も、カトリックの教会やプロテスタントの教会の鐘の音も、本質的にはみな同じです。

古代ヨーロッパの魂

私は国にいるとき、よく仏教寺院の梵鐘の音を聴きました。ときおりカトリックの修道院の鐘を聴くこともありましたが、心底感動することがなかったのをおぼえています。西ヨーロッパの国々でマインドフルネスのリトリートを行うようになってからは、私はいつも、リトリート参加者が仏教寺院で聴くやりかたで教会の鐘を聴く練修をするようにうながしていました。

しかし、私がはじめて教会の鐘の音に深く心を奪われたのは、プラハの街を訪れたときのことでした。

モスクワとレニングラードを訪れた一九九二年の春のことです。私たちは、ロシアでリトリートと「マインドフルの日」[2]を行い、東欧諸国をまわって、プラハでリトリートを行いました。何日ものリトリートに集中したあと、「レイジー・デイ」[3]の日に、この古都の街を訪れました。友人や僧侶、尼僧たちと連れ立って、私はゆっくりと散策していました。小さな教会で美しい絵葉書を見たり、瀟洒なたたずまいの路地を歩いていたときです。

突然、教会の鐘の音が聞こえてきて、その響きが心に染みわたりました。もちろん、教会の鐘の音を聴いたことは何度もあります。フランスでもスイスでも、他にもいろいろな国で聴いてきたのに、教会の鐘の音がこんなに深く心に染みこんだのは、これがはじめてでした。生まれてはじめて、古代ヨーロッパの魂に触れた思いでした。長年ヨーロッパに住み、当地の文明や文化について見聞を深め、多くのヨーロッパ人と知己を得てきたはずでした。しかし、プラハの市街地でこんなに深くヨーロッパの魂に触れることができたのは、あの教会の鐘の音のおかげでした。

何事につけ、機が熟すにはときが必要です。十分な条件が整うと、長いあいだ心にひそんでいたものが呼び覚まされます。私がはじめてヨーロッパの土を踏んだのは、ベトナム戦争中のことで、殺戮を終わらせるために日々奔走していました。旅から旅へと駆けめぐっては、人々と語りあい、記者会見をこなしていたあのころは、とうていヨーロッパの文化や文明と深く触れあう余裕などありませんでした。プラハも第二次世界大戦中の破壊をまぬがれ、昔のままの美しい街並を残していました。そのおかげで、ヨーロッパの魂に触れることができたのです。まぎれもなくあの場所で、あの鐘の音が鳴り響いたのです。

自分の伝統に深く根を張っていれば、他の伝統への理解がさらに深まります。大地に根ざした木のようなものです。木は移植されても、新しい土壌から養分を吸収していきますが、ほとんど根こぎにされた木には養分を吸収する力がありません。

プラハでは、静かにそこに立ち尽くし、鐘の音に聴き入りました。その音に耳を澄ませていると、その背後から滴り落ちる水の音が聴こえてきたのです。水が滴る音はプラハの街からではなく、少年のころの私の記憶の底から聞こえてきた音でした。

隠者に出逢う

私が十一歳のとき、ナ・ソンという北部ベトナムにある小さな山でのことでした。数百人の学童が連れ立ってこの山にピクニックに出かけました。午前中休まず登りつめた子どもたちは、まだ山登りの瞑想の仕方など知らなかったので、一気呵成に登り、半分も登ったころにはみんな疲れきってしまいました。持参した水も飲みきってしまって、ひどく喉が渇きました。私は山頂に仏道修行をしている隠者が住んでいると聞いていたので、その隠者に会えるのではないかと、ワクワクしていました。その人に何としても会いたかった。仏教の解脱を求める修行がどんなものか知りたかったのです。

あの山登りの遠足の三年前、八歳だった私は、仏教雑誌のなかにブッダの絵を見つけました。新鮮な青草のうえで坐禅をするブッダの絵でした。静かで落ちついたブッダのすがたは幸福そのものに見え、深い感銘をうけました。まわりの落ちつきのない人たちに嫌気がさしていた私は、ブッダの絵を見た瞬間、この人のようになりたいと直感しました。安らぎ、ほどけた、幸福な人に。隠者に会えると思うと胸が高鳴りました。ただひとりで解脱を得るために修行している隠者に逢いたかったのに、着いてみるとどこにも隠者のすがたは見あたりません。私はひどく落胆してしまいましたが、山中の孤独を好む隠者が、いっときに三百人もの子どもなど御免だといって、森に身を隠したに違いありません。そう思いながらも、すっかり希望を捨ててはいませんでした。

私たち五人組の少年は持参した弁当でお昼にするように言われましたが、もう飲む水はなく、あるのはご飯とゴマだけでした。

私は仲間から離れて、運がよければどこかで隠者に会えるかもしれないと思いながら、ひとりで森に入っていきました。数分ののち、水が滴る音が聞こえてきました。美しく、まるでピアノの旋律のように聞こえました。その音に誘われて進んでいくと、美しい泉がありました。澄みきった水の底が、手にとるように見えました。

あの小さな泉を見つけたとき、私はとても幸せになりました。誰かがつくったものではなく、石の窪みに水が流れこんでできた天然の泉でした。水の滴る音が私をあのすばらしい場所にみちびいたのです。膝を折って両手ですくって飲んだ水の美味しかったこと！　ひどく喉が渇いていました。

私はお伽話が大好きで、本気で妖精を信じていました。あのとき、人知れず私に会えるように、隠者が泉に身をやつしたと思ったのです。水を飲み終えると、すっかり満ちたりて、もうこれ以上望むものは何もなくなりました。隠者に会いたいという願いさえすっかり消えてしまっていました。隠者はあの泉だったのです。

その場に横になって美しい空を見つめていると、疲れのせいか、深い眠りに落ちました。あまりにぐっすりと眠っていたので、目が覚めたとき、自分がどこにいるのかわからなかったほどです。何秒かして、やっとナ・ソン山のいただきにいたことに気づきはじめました。そう長いあいだ眠っていたとは思いませんが、とても深い眠りでした。仲間のところに戻って弁当を食べることを思いだして、名残りを惜しみながらその場所を立ち去りました。歩いていると、フランス語のこんなフレーズが湧いてきました。「私は世界で一番おいしい水を味わった」。

待っていてくれた四人にはこの話をしませんでした。ただわけもなく秘密にしておきたかったのです。口にしてしまったら、消えてなくなるかもしれないと感じたのです。私は隠者と出逢ったと確信しました。

プラハで教会の鐘の音を聴いたとき、その音の背後に、十一歳の少年のときに聞いたあの水の滴の音が聴こえたのです。あの水音のおかげで、教会の鐘の音に深く触れることができたのだと気づきました。水の音は私自身の霊的伝統でした。私の根となっている伝統です。キリスト教会の鐘の音は、もうひとつの伝統です。前者が後者に出会う仲立ちをしてくれたのです。根をもつことは、対話への架け橋です。誰も自分自身の伝統の根を奪われてはなりません。私はみながそれぞれ自分の伝統に戻ってほしいと思うのです。仏教の練修がその手だすけとなるはずです。

私の祖国の苦しみは、キリスト教の伝道師たちが私たちの伝統を根こぎにしようとしたことにありました。彼らは先祖伝来の伝統である仏道修行を捨てれば救われると説きました。私たちは友人に同じことをしたいとは思いません。

プラハの鐘の音を聴いたあのときから、私は自分の国の文化に加えて、ヨーロッパ文化という根をもちはじめたのです。あなた自身の文化に根づいていれば、別の文化に触れて、そこにしっかりと根を張るチャンスが訪れます。これはとても大事なことです。

ルーツに戻る

私の祖国ベトナムには、耐えがたい苦しみにあえぐ人たちがいます。彼らは家族のゆえに、政府、個人そして戦争のゆえに苦しんでいます。ベトナムと名のつくものはすべて憎しみの対象となり、その重荷に耐えかねて、家族も先祖も社会も政府も、そして文化さえも憎むようになったのです。ヨーロッパやアメリカに移住すると、彼らはベトナム人であることをやめて、ヨーロッパ人やアメリカ人になりきろうとしました。きっぱりとベトナムと手を切って、自分の根を完全に忘れようとしたのです。ほんとうにそんなことができたのでしょうか。まったく別人になるために、すべての根を引き抜くことなど、はたしてできるのでしょうか。答えはノーです。私は長いあいだ、なんとかして別人になろうと頑張ってきたたくさんの人たちを見てきましたが、そんな努力は徒労に終わりました。私は彼らに自分の根に戻りなさいと勇気づけました。

＊

この三十年間、西洋でダルマ（仏法）をわかちあってきたおかげで、同じような傷や欲求に苦しむヨーロッパ人やアメリカ人たちに出会ってきました。深い苦しみにさいなまれて、家族や教会、社会、そしてみずからの文化を捨てたいと願う人たちです。彼らは誰でもいいから別人になりたかったのです。インド人でも、中国人でも、ベトナム人でもよかったのです。自分たちの根に関わるものすべてを憎み、仏教徒になりたいと願う人たちでした。完全に別人に生まれ変わるために、はたして持てるものすべてを捨てることができたでしょうか。答えはノーです。

このような人たちがプラム・ヴィレッジにやってきたら、私にはすぐにそれとわかります。彼らは彷徨《さまよ》える魂、飢えた魂でした。こころの飢餓に瀕した人たちです。信じるべき美しいもの、信じるに足る善きもの、真実なるものに恋い焦がれるあまり、自分の社会や文化に属するものすべてを捨てたかったのです。

真実の愛には練修が必要です。このような人たちをほんとうにたすけるには、たいへんな忍耐力が必要です。私はいつも彼らに根無し草は幸福になれないので、自分のルーツに戻りなさいと伝えるようにしています。しかし自分の家族や文化に戻り、自分の教会に帰ることこそが、まさに彼らが拒みつづけていることなのです。こんなふうに言われると、彼らはきまって腹を立てます。

根を失った木は生きられません。根がない人もまた同じです。だから私は辛抱強くこう言います。「ようこそ、坐禅を練修してください。歩く瞑想を練修してください。あなたは堂々とブッダを愛してよいのですよ、誰はばかることなくベトナムの文化を愛してよいのですよ」。私たちはサンガという家族で彼らを抱きしめながら、マインドフルネスの練修をしていきます。ちょうど湿った柔らかい土が植物の根の傷を抱きしめて、そこから小さな根が伸びていけるように。彼らはゆっくり、ゆっくりと、自信と信仰と愛を受け入れる力を回復していきます。

飢えた魂をたすけるためには、まず彼らの信頼を得なければなりません。飢えた魂は猜疑心が強く、なんでも疑ってかかります。ほんとうに美しいもの、善きもの、真実なものを見たことがないので、あなたを疑い、あなたがさしだすものを拒絶します。飢えているのに、どんなに滋養のある食べものをさしだしても、それを口に入れて咀嚼する力がないのです。どんなに美しく、真実で、よいものを与えても、そうなのです。

アジアには、陰暦七月の満月の午後に、彷徨える魂たちに食べものや飲みものを施す伝統があります。(4) 家々には仏壇があり、ご先祖さまが帰る家がありますが、餓鬼《プレータ》には戻る家がありません。それでそれぞれの家の前庭で彼らに施しをする習慣があるのです。餓鬼はお腹が太鼓のように膨れあがっているのに、喉は針のように細いといわれます。食べものやたすけを受け入れる力がとても弱く、心から理解と愛を捧げても疑いはなかなか消えません。だからこそ、私たちは忍耐強く関わり、施しの儀式の前には、ブッダの教えを唱えます。彷徨える魂たちがブッダや菩薩の慈悲と理解に触れて、浄土に生まれ変わるチャンスが得られるように、と。

いまこの社会は毎日何千人もの飢えた魂をつくりだしています。その大半が若者です。まわりを見わたしてみてください。おびただしい数の根をもたない人たちがいます。彼らは飢え、苦しんでいます。私たちは毎日、これ以上飢えた魂を増やさないように、心配りをしていかなければなりません。両親、教師、友人、聖職者として、理解と慈悲をもってそれぞれの役割を果たしていかなければなりません。飢えた魂が少しでも飢えないように手だすけし、彼らがそれぞれの家族や伝統に戻って、社会に融合できるように手をさしのべていかなければなりません。

彼らが微笑めるようになって赦しの気持ちが芽生えてきたら、時期を見計らって、こう言ってあげるのです。「自分の文化に戻りなさい。家族や教会が待っていますよ。あなたは必要とされています。みんなあなたが新しい風を吹きこんで、二度と若者を遠ざけないようにしてくれることを願っています。あなたの世代のためだけでなく、未来の世代のためにも、そうしてください」。

たがいを食べる

みなさん、ここで少しだけ私が考える幸福について話をしましょう。身のまわりの美しいいのちに触れると、私はいつも幸せになります。こんなにもたくさんの美しいものに囲まれて生きていると気づいて、深い感動を覚えることがあります。

木々はえもいわれぬほどに美しく、空はかぎりなく澄みわたっています。川は滔々と流れ、日の出や日没、鳥や鹿、リスや子どもたちはほんとうに美しい。他者を愛し、許し、そして思いやる人々がいます。人を愛し、動物を守り、木々や水、空気や鉱物を大切にする人々がいます。私はいつも世界の美しさや愛の力に勇気づけられます。

しかし、こう言ったからといって、私に苦しみがないわけではありません。私の苦しみについても話しておきましょう。生きのびるために共食いをしなければならない現実を目にすると、私はいつも悲嘆にくれます。動物たちが生存をかけて食いあうのも、胸が痛む事実です。みなさんも自分の目で自然の理《ことわり》を観察したことや、ドキュメント映画を見たことがあると思います。ライオンが家族を養うために、鹿や他の動物を殺す光景や、大きな魚が雑魚を食べ、鳥が魚を食べているすがたを見たことがあるでしょう。

冬になると、このあたりには猟師がやってきます。大昔は生存のために狩りをしなければならなかったけれど、いまはそこまで飢えている人はいないように思います。狩りなど必要ないのに、このあたりにはたくさんの猟師がいて、日曜日ともなれば小動物たちを恐怖におののかせます。

この世には愛があっても、無知、暴力、渇望などが避けがたく存在しています。人類は苦しんでいます。人が人を苦しめるからです。世界には争いが絶えず、膨大な消費欲によって、おびただしい苦しみの連鎖が生まれています。このようななかで、多くの人が菜食主義者になるのは喜ばしいことです。野菜にもいのちがあり、野菜も食べられると苦しみますが、動物の苦しみとは比べものになりません。苦しみの程度が違うからです。

先週の日曜日に、私はアパー・ハムレットで、僧侶や尼僧、在家の人たちとランチをいただきました。食卓に並んだ米や豆、豆腐を深く見つめながら、マインドフルに食べていると、豆腐のなかにたくさんのものが見えました。泥や土、ミネラルや堆肥が見え、小さな生きものの腐った骨も見えました。このような目に見えない小さな生きものがいなければ、米や野菜は育ちません。米や豆、豆腐やトマトを食べながら、私はこれらの食品をつくりだしてくれたさまざまな要素をはっきりと見たのです。それでも私はこのご馳走を深く見つめ、味わいながらいただきました。

サンガに集う兄弟姉妹に囲まれて、修行する仲間たちとともにランチを味わう喜びは格別です。私たちは愛と平和と安定をつくり、人々の支えになるような食べかたをしなければなりません。心に慈悲が育てられるような食べかたをしなければなりません。歩くときも、坐るときも、食べるときも、愛と慈悲を育む練修をしていきましょう。

さあ、次に進む前に、鐘を招いて、一分ほど呼吸の練修をしましょう。端座して鐘の音を聴きます。ひとりひとりのこころのなかに、平和のエネルギーが生まれるように。

お聴きなさい、お聴きなさい、鐘の音が
私をほんとうのわが家に連れ戻してくれる。

家族が集う

みなさんはクリスマスの日には家族のもとに戻りますね。考えてみると、クリスマスの伝統はベトナムの正月にとてもよく似ています。ベトナムでは、新年がはじまる前に親もとに帰省する習慣があるからです。

家族みんなが集まるのは、自分の根に深く触れる好機となります。家族みんながしっかりと出会って和解しあうためには、この機会をうまく利用していかなければなりません。これが先祖に触れる最高の方法だからです。人は誰でもルーツがなければ幸福になれません。クリスマスはみなが一緒に坐り、深く見つめ、自分のルーツに気づくための絶好のチャンスです。自分の文化や祖先にしっかりと根ざすことができれば、私たちはもっと安定し、平和な喜びにひたることができるのです。

もう一度家族の一員になって、自分のルーツに深く触れてみてください。家族のみんながそろえば、もっと楽に自分の根に触れることができるでしょう。これがクリスマスの楽しみのひとつなので、クリスマスの日には、誰もが心を弾ませて家族のもとに戻っていくのです。この習慣がいつまでもつづいてほしいと思います。

霊的先祖を抱きしめる

誰にも血をわけた先祖がいますが、霊的先祖もいるのです。西洋で生まれた人はイエスの子であり、イエスが先祖である可能性は大いにあります。イエスはヨーロッパ人の霊的先祖のひとりだからです。自分はクリスチャンではないという人がいるかもしれませんが、だからといってイエスがあなたの霊的先祖でないとはいえません。もしかしたら、あなたの曽祖父は敬虔なクリスチャンで、あなたのなかにイエスの種を蒔き、イエスの力と愛と洞察を伝えてくれたかもしれません。その気になれば、あなたはイエスの力をその身に呼びだすことができるのです。

自分はキリスト教とは無関係で、大きらいだという人たちがいます。できうることならキリスト教を捨てたいと思っていても、彼らの身体と心のなかには、イエスがリアルに存在しており、イエスの活力、洞察、愛がひそんでいるかもしれません。それは鐘の音のようなものです。教会や仏教寺院の鐘の音を聞いても何も感じないし、自分とは無関係だと思っていても、ある日突然、まったく違ったふうに鐘が鳴り響くかもしれません。

仏教徒とは、ブッダが自分の霊的祖先のひとりと考える人のことです。ブッダは目覚めた人（覚者）だとか、偉大な菩薩、教師、仏教の創始者であり、また自分の霊的先祖だ、などとブッダを説明する人がいるかもしれませんが、私にはブッダは生きたリアルな実在です。望むがままにブッダに触れ、そのエネルギーと洞察の恩恵に浴することができる存在です。とてもリアルに。ブッダは私の身体のすべての細胞のなかにおられるので、ブッダを必要とするときにはいつでも呼びだし、そのエネルギーを顕現させる方法を私は知っています。

父親についても同じです。父は私のなかに生きています。父は私の細胞のすみずみで生きているのです。私は九十歳を越える長寿をまっとうした父の健全な細胞を受けついでいます。父の助けが必要になったら、いつでもたすけを求めます。私の身体のすべての細胞に、父のエネルギーが満ちているからです。

血縁であろうが霊的先祖であろうが、私はいつも先祖に触れて生きています。仏教徒ならば、あなたの先祖のひとりはブッダです。ブッダの活力や洞察力や愛は、世代をこえて先達や先師によって、あなたに伝えられているはずです。だから身体や魂に伝えられた細胞にどのように触れたらよいか、どのようにブッダの活力を現したらよいか、あなたにはわかるはずです。あなたにはブッダのエネルギーが必要です。

否定的なエネルギーを抱きしめる

人は憎しみ、怒り、絶望のエネルギーに圧倒されることがありますが、別の種類のエネルギーがあることを忘れないでください。練修の仕方を知っていれば、怖れや絶望や怒りのエネルギーを抱きしめるために、洞察や愛や希望のエネルギーを呼びだすことができるのです。私たちの先祖は、不健全なエネルギーやクリスチャンが内なる悪霊と呼ぶものを消し去ることができ、聖霊を呼び戻して、癒しと健康と喜びと活力に満ちた世界を回復してくれるのです。

仏教でもこのような否定的なエネルギーや肯定的エネルギーについて語りますが、扱いかたが少しばかり違います。仏教では、悪霊を追いはらう必要はなく、むしろ、悪霊や怒り、絶望や憎しみなどの否定的なエネルギーを抱きしめます。マインドフルネスのエネルギーによって抱きしめられると、否が応でも変容がはじまるので、追いはらう必要がなくなるのです。

否定的なエネルギーを変容して抱きしめるには、どうしたらいいのでしょうか。あなたはただ、愛や理解や平和のエネルギーを呼びだしてすがたを現す手だすけをすればよいのです。たとえば、鐘の音を聴くことは、平和のエネルギーであるマインドフルネスのエネルギーを生みだすすばらしい方法です。マインドフルネスのエネルギーが否定的なエネルギーの面倒を見るのです。たとえば、腹が立ったらいつでも、次のように練修してみてください。

息を吸いながら、怒りのエネルギーが私のなかにあると気づく。
息を吐きながら、私は怒りを抱きしめる。

これはすばらしい練修です。ただ入息と出息をしながら、自分のなかに怒りがあることに気づくだけでよいのです。腹が立っても、何も話す必要はありません。反応したり行動を起こすのは、逆効果だとわかっているからです。「息を吸って、息を吐きながら、私のなかに怒りがあると気づく」という練修が一番効果があります。このやりかたを知っていれば、怒りのエネルギーはあなたやまわりの人たちを傷つけることができません。

このように練修していくと、マインドフルネスのエネルギーが生みだされて活気づいていきます。あなたがマインドフルに入息と出息を練修しつづけているからです。マインドフルな呼吸によって、マインドフルネスのエネルギーが生みだされて怒りのエネルギーを抱きしめ、怒りの存在をしっかりと受けとめてくれます。こうなればもう安心です。怒りを追いだす必要がなくなり、あなたは怒りを受け入れます。やさしく抱きしめると怒りは和らいでいき、あなたは危機を乗り越えます。この呼吸の練修をしていると、怒りはゆっくりと変容していき、微笑みながら怒りを認められるようになるのです。

怒りを認め、微笑みかけながら入出息の練修をしていくと、ブッダのエネルギーが現れてきます。ブッダがあなたのなかに顕在し、ブッダという先祖があなたを守ります。そのときブッダはもはや観念ではなく、あなたを守る真のエネルギーとなります。ブッダのエネルギーはマインドフルネスのエネルギーであり、平和と集中と智慧のエネルギーです。

クリスチャンでも、似たような練修が役立つはずです。絶望や怒り、暴力、憎しみが生まれたら、まずはそれがあると認識します。イエスを呼びだして、自分のなかの否定的なものを認識して抱きしめられるように、イエスの顕現を祈願します。祈り、集中し、聖書を読むことによって、あなたは危機を脱して安全な場所に至ります。あなたのなかの悪霊という否定的なエネルギーをコントロールし、変容していきます。聖霊《ホーリー・スピリット》とは、自分のなかの否定的なエネルギーを抱きしめて世話をするために必要な心のエネルギーです。マインドフルネスを練修する人たちにとって、マインドフルネスのエネルギーはブッダのエネルギーでもありますが、クリスチャンの友が聖霊と呼ぶものと同じものなのです。

聖霊はある種のエネルギーで、いま・ここで理解し、受け入れ、愛し、そして癒す力です。聖霊がここに存在し、理解し、癒し、愛する力をもつと認められたら、あなたがこれに同意するならば、聖霊はマインドフルネスのエネルギーと同じものだと言わなければなりません。マインドフルネスがあるところに真の現存があり、マインドフルネスがあるところに理解が生まれます。受け入れ、慈悲深く愛することができたら、あなたのなかにマインドフルネスのエネルギーに触れる力が生まれ、聖霊が顕現するのです。霊的祖先としてのブッダがあなたのなかに顕現するのです。あなたは聖霊に身を任せて、聖霊にみちびかれ、灯火のように照らされていればいいのです。まさにその瞬間に、イエスはあなたのなかに息づくのです。

ブッダとイエスの両方を知ることができ、仏教とキリスト教の両方にルーツを持つ人たちがいます。私の寓居には、いろいろなブッダの像が祀られています。一センチほどの小さな像や、もう少し大きいものを含めると、十体か十五体ほどになります。そこにはイエスの像も私の先祖として祀られています。イエス・キリストは私の霊的祖先のひとりなのです。

ベトナム戦争の最中に、私は殺戮をやめさせようと懸命に働きました。ヨーロッパや北米におもむいて、たくさんのクリスチャンに出逢いましたが、彼らは真実、心からイエスの愛と理解と平和を体現した人たちでした。私がみずからの霊的先師、霊的先祖としてのイエスに深く触れることができたのは、彼らのおかげだったのです。

ふたりの兄弟の邂逅

スウェーデン在住の映画監督が私のところにやってきて、こうたずねました。「もし今日、イエスとブッダが出逢ったら、ふたりはどんな話をするのでしょうか」。私ならこんなふうに返事をするでしょう。

ふたりは今日と言わず、昨日も、昨夜も、明日だって出逢っていますよ。ふたりはいつも私のなかにいて、おたがい同士がこころ静かにつながっています。私のなかではブッダとキリストのあいだにいかなる不一致もありません。ふたりは本物の兄弟であり、本物の姉妹です。

クリスチャンはイエスの子なので、イエスが親であり、先祖です。私たちは誰でも先祖の子であり、先祖と連続しているのです。クリスチャンはイエス・キリストと連続しています――この男《ひと》もあの女《ひと》も、みんなイエス・キリストです。私はこんなふうに人やものを観るのです。仏教徒はブッダの子であり、女性も男性もみなブッダの連続体です。彼女はブッダであり、彼もまたブッダです。あなたがお母さんの子であり、まぎれもなくお母さんの連続体であるように。あなたは自分自身の母であり、あなたの母はあなた自身です。あなたはお父さんの子なので、お父さんの連続体です。好むと好まざるとにかかわらず、あなたは自分自身の父親なのです。どこまでいっても、あなたは両親の連続体以外の何ものでもありません。

仏教徒がクリスチャンに出逢えば、ブッダがイエスに出逢っていることになりますね。ふたりは毎日出逢っています。ヨーロッパやアメリカやアジアで、ブッダとキリストは毎日出逢って、どんな話をしているのでしょうか。三百年前にイエスがベトナムにやってきたときのことを想像してみてください。ベトナムのブッダがこんなふうに言ったと思いますか。「あんたは誰だい。何しにこんなところまで来たのだ。こっちにはちゃんと仏教という霊的伝統があるのに、仏教を捨てて、他の信仰をもてとでも言うのかい?」。また、イエスがブッダにこんなふうに返事をしたでしょうか。「そうです。あなたがたの宗教はまちがっています。そんなものは早々に投げ捨てて、私が伝道する新しい宗教を学ぶべきです」と。

宗教史を研究している歴史家なら、三百年前にブッダがイエスに言ったかもしれないこと、そのときイエスがブッダに言ったかもしれないことがわかるかもしれません。そして今日も、ヨーロッパやアメリカで同じようにふたりが出逢ったと想像してみてください。いや、想像するまでもなく、それは日常茶飯に起こっていることです。毎日、ブッダはヨーロッパやアメリカにやってきて、イエスにたずねています。「この土地に来たばかりですが、私はここにとどまってもいいですか、それともアジアに帰るべきでしょうか」と。

ここにはインドシナ難民がたくさんいます。タイ、ビルマ、チベットからもたくさんやってきます。彼らは自分たちの信仰を携えてヨーロッパやアメリカにやってきましたが、はたしてヨーロッパの地で自分たちの実践をつづける権利があるのでしょうか。自分たちの信仰や実践を仏教徒以外の人々とわかちあうことができるでしょうか。みなさんはイエスがこんなふうに返事をしたと想像できますか。「いや、それはダメだ。ヨーロッパにはすでにキリスト教という宗教があるのだから、この地で新しい宗教を喧伝するのはよろしくない」。きっと、さまざまな提案や反応が飛び交うことでしょう。

＊

かつて北フランスの町リールで、フランス語で法話をしたとき、ブッダとイエスが一緒に座ってお茶を飲んでいる話をしました。ブッダがイエスに向かって言います。「愛しい兄弟よ、私たちのこの時代にはもう無理なのでしょうか。率直に、怖れなく、人々が理解し愛しあう手だすけをすることはできないのでしょうか」。ブッダからイエスにこんな問いかけが発せられるかもしれません。

当時、イエスはまことにおそれなき直截的な人物でした。愛と癒しと許しの大いなる力をもった教師でした。ブッダはイエスに「愛する兄弟イエスよ、この時代のほうがはるかにむずかしいのでしょうか」、と切りだしてから、ブッダはこうつづけるかもしれません。「どうしたらあなたの手だすけができるでしょうか、わが兄弟よ」。修行の実践が理解され、受け入れられ、効果を発揮するには、どのようにその実践論《プラクティス》を組み立てたらよいでしょうか。砕け散ったものを再建し、失われてきたものを回復するために。信仰を、勇気を、愛をとり戻すために。

すべての人がイエスです。正教、カトリック、プロテスタント、そして英国国教会で、愛と受容を可能にするために、もう一度人々が理解し、受け容れ、生き、実践できるように手だすけをしようとしている、これらすべての人々がイエスです。今日、いかにしてキリスト教のメッセージを受け入れやすく、また理解されやすくするかに関心をもつ人たちすべてがイエスです。

ブッダがイエスに投げかけた問いかけは、とても実践的なものです。

*

ブッダがイエスに練修の実践論についての質問をしたのは、ブッダ自身もその答えを探しているからです。二千五百年前のインドでブッダが実践したことを、この時代に実行するのは、ブッダその人にとってもまたむずかしいことなのです。仏教では、人々は教えについて少し語りすぎています。あまりにも多くのもの（理論とか教理とか）が考案され、あまりにも組織化されすぎていて、人々はわけがわからなくなっているのです。彼らは仏法の真の本質を見失ってしまいます。彼らは、ほんとうの教えを新しい世代に伝えられそうもない骨董品のようなやりかたで教え、修行しているのです。ブッダはイエスに問いかけながら、みずからに同じ問いかけをしていました。どうしたら霊的伝統としての仏教を刷新することができるだろうか。仏教が真実のダルマの精神を具現するには、どうしたらよいのだろうか、そして、どうしたら愛と慈悲と理解を実践《プラクティス》して、真のエネルギーを生みだすことができるのだろうか、と。

イエスへの問いかけは、ブッダ自身のなかで問われた問題です。ブッダとイエスはおたがいにたすけあうふたりの兄弟です。仏教はたすけを必要としています。キリスト教もたすけを必要としています。それは仏教のためでもキリスト教のためでもなく、人類全体のために、そして地上の生きとし生けるものたちのためにです。私たちはいま、個人主義が蔓延した時代に生きています。暴力がはびこり、無知があふれる時代に暮らしています。人々はたがいに理解しあうことができず、語りあい、意思疎通をすることができません。破壊がひろがり、多くのものが絶滅に瀕している時代に、私たちは生きています。だからこそブッダがたすけられ、イエスがたすけられなければなりません。

おたがいに違いを並べ立てるのではなく、ブッダとイエスは毎日、毎朝、毎午後、毎夕、真の兄弟になるために、ともに働かなければなりません。ふたりの出逢いが世界の希望です。

私たちひとりひとりのなかで、ブッダとイエスは一瞬、一瞬、出逢わなければなりません。私たちひとりひとりが日々の練修のなかで、ふたりのすがたがここに立ち現れるように、ブッダとイエスの霊に触れるのです。怖れや絶望や不安を抱きしめるためには、どうしてもふたりの力が必要です。

ふたりで平和を回復することができる、とイエスとブッダは言うでしょう。きっとふたりで人類の希望をとり戻しましょう、と。愛する人やまわりに生きるすべての人のために、確かな平和と希望をつなぐのです。あなたが踏みだす平和への一歩が、あなたの微笑み、あなたの優しいまなざしが、人々を勇気づけ、まわりの人々が未来を信じる手だすけとなるでしょう。

だからこそ、ブッダがすっかりみずからを回復するためには、イエスをたすけなければなりません。イエスもまた、ブッダが完全に自己をとり戻せるように手だすけをしなければなりません。イエスとブッダはたんなる観念ではなく、私たちのそばにいる、生きた力であるからです。毎日の暮らしのなかで、あなたはいつでもふたりに触れることができるのです。

ブッダとイエスの結婚

ベトナム、中国、韓国、タイなどの多くの国で、宗教の違いのために結婚がむずかしいと感じている若者がたくさんいます。仏教徒の青年がカトリックの女性と恋に落ちたら、事態は深刻です。双方の家族が結婚を阻止しようとするからです。このような悲劇が長く尾を引いてきました。もしかしたら、問題が解決されて異なった宗教的伝統に属す若者たちの結婚が許されるのに百年かかるかもしれません。それでもこの努力はまだやってみる価値があります。多くの苦しみが長きにわたって避けられるからです。

異なった伝統に育ったふたりが結婚するときには、青年は相手の女性の霊的伝統を学び、それを実践することを誓い、女性もまた相手の宗教を学び、実践していくことを誓います。そうなれば、ふたりはそれぞれのルーツに加えて、もうひとつのルーツをもつことになり、おたがいを豊かに高めあうことができるようになります。家族ができれば、子どもたちは両方の伝統の最高のものを愛し、ブッダとイエスのふたつのルーツのなかで暮らすことができるように励まされるでしょう。きっとできるはずです。

これは新しい時代の幕開けとなるでしょう。人々がもっと寛容になり、もっと多くの人たちが他の伝統の美しさと価値を見ることができる時代がやってきます。それはちょうど料理のようなものです。フランス料理が好きでも、中華料理を愛してはいけないという道理はありません。合意に達するのに百年かかっても、それでもやってみる価値があります。この結論に到達することができたら、私の世代やその前の世代の人々のように、若者たちは苦しまなくてすむようになるでしょう。あなたは大のリンゴ好きで、そうです、いつでもリンゴを食べられますが、マンゴーが好きになっても誰も咎める人がいないような、そんな時代がやってくるはずです。

APPENDIX

5 Mindfulness Trainings

The Latest Version

付録

五つのマインドフルネス・トレーニング

最新版

1　いのちへの畏敬

いのちの破壊によって生じる苦しみに気づき、相互共存《インタービーイング》(1)への理解を深め、思いやりを養い、人・動物・植物・鉱物のいのちを守る方法を学ぶことを約束します。みずから殺さず、他にも殺させず、私のこころと生活において、世界のいかなる殺生も支持しません。人を傷つける言動は怒り・恐れ・欲望・不寛容から生まれ、さらにその根には二元的思考や差別心があります。私のこころや世界にある暴力・狂信・独断を変容するために、寛容と差別のないこころ、無執着のこころを養い育てます。

2　真の幸福

社会の搾取、不正、盗み、抑圧によって生ずる苦しみに気づき、私の思い、話し方、行動において寛容のこころ(布施)(2)を学ぶよう心がけます。他人のものを盗まず、所有せず、私の時間とエネルギーともの(物質的資源)を必要としている人々とわかちあいます。ものごとを深く見つめることを学び、真の幸福は理解と慈悲なしには不可能だと気づきます。富、名声、権力、性的快楽は多くの苦しみと失望をもたらすと気づきます。幸福とは私自身のこころのありようによるものであって、外的条件によってもたらされるものではありません。いまの自分がすでに十分すぎるほど恵まれていることを思い起こして、いま・この瞬間を簡素に満ち足りて生きることができると気づきます。私は正しい生活「正命《しょうみょう》」(3)を学び修し、地上の生きとし生けるものの苦しみを減らし、地球温暖化を軽減することに努めます。

3　真実の愛

性的あやまちによって生じる苦しみに気づいて、責任感を育み、個人・カップル・家族・社会の安全と規範を守る方法を学ぶことを約束します。性欲は愛ではなく、情欲に駆られた性愛は自分だけでなく他の人々をも傷つけることに気づき、家族や友人が認める長期的な深い関係や真実の愛なしに、性関係をもたないことを約束します。子どもたちを性的虐待から守り、カップルや家族が性的あやまちによって壊《こわ》れることがないように最善を尽《つ》くします。心と身体《からだ》は一つのものと気づき、自分の性欲をよく見守り、思いやり、慈しみ、喜び、包容力《ほうようりょく》を育てることを約束します。自分自身と他の人々をもっと幸福にするためには、この四つの要素〔四無量心〕(4)が大切な基本となることに気づいて、真実の愛をはぐくみ育てます。真実の愛の実践によって、私たちは美しい未来を創ります。

4　愛をもって語り深く聴く（愛語と深聴）

気づきのないことばや人の話を聴けないことによって生じる苦しみに気づき、自分やまわりの人々の苦しみを和らげて、民族・宗教・国家間に和解と平和をもたらすために、愛をもって語り、深く聴くことを約束します。言葉は使い方次第で幸福にも苦しみにもなることに気づき、自信、喜び、希望をもたらすことばで真実を語ることを約束します。怒りの心に気づいたら、あえて沈黙を選びます。気づきの呼吸や歩く瞑想を行い、自分のなかにある怒りを深く見つめ、認識するように努めます。怒りの原因（根）は自分や他人の苦しみを理解できないことや、間違った知覚作用にあることに気づきます。自分自身や他人が苦しみを変容して困難な状況から抜けだすことができるような話しかたや聴きかたを学びます。不確かなことを口にしたり、分裂や不和をもたらすことばを使わないことを約束します。

私は「正精進《しょうしょうじん》」(5)を修行し、こころの奥に在る怒り・暴力・恐れを、少しずつ理解し、愛し、喜び、包容する力に変容していくように努めます。(6)

5　こころとからだを養い癒す

気づきのない消費によって生じる苦しみに気づき、マインドフルに食べ、飲み、消費することによって、自分自身、家族、社会のからだとこころの健康を養い育てることを約束します。食物、感情、意思、意識の四種類の摂取物〔四食〕(7)の摂りかたを深く見つめます。ギャンブル、アルコール、麻薬、また有害なウェブサイト、ゲーム、テレビ番組、映画、雑誌、本、会話などに触れないことを約束します。いま・ここ、この瞬間に戻って、私のなかやまわりにある新鮮で癒しの力をもつもの、いつくしみ育てるものに触れる練修をします。後悔や悲しみによって過去に引き戻されないように、また、心配・恐れ・渇望によって現在の瞬間から引き離されないように注意します。淋しさ・不安・苦しみを紛らわすために、消費に自分を見失わないことを約束します。インタービーイングを深く理解し、私のからだと意識の、さらに、家族、社会、地球の集合的なからだと意識の平和と喜びと幸福を守るような消費を心がけます。

訳註

はじめに

（1）**結跏趺坐**　蓮華坐ともいい、坐る瞑想のときの仏教の伝統的な坐りかた。胡座に似ているが、両足の甲をそれぞれ反対の脚の腿のうえへ載せて脚を組む。

第1章　理解が生まれる

（1）**インタービーイング（相即）**　ティク・ナット・ハン師の用語で、存在するものはたがいに独立しているのではなく、依存しあい、支えあって存在しているというありかたのこと。相依相関の縁起。

（2）**縁起の法則**　縁起は、十二支縁起に見られるように、原因と結果のような直線的な因果関係を表すこともあるが、ここでは、すべてのものが他のすべてのものに依存し支えあっているという相互依存性としての縁起のこと。

（3）**ダルマラクシャナ**　「ダルマ（法）の現れ」「ダルマの状態」の意味で「現象」のこと。伝統的には「法相」と訳される。ちなみに仏教において「ダルマ（法）」は「真理」「法則」という意味と、「存在」「現象しているもの」という意味と、大きくふたつの意味で使われる。ここでは後者。

（4）**ひとつのものが他のすべてのものを抱含している**　一即多・多即一。註（1）も参照。

（5）**神のエネルギー**　東方のキリスト教神学では「神のエネルゲイア」ということを言う。「エネルゲイア」

は「エネルギー」の語源となったギリシャ語で、「現実態」「活動態」を意味し、「神のエネルゲイア」は「神の活動」とか「神の働き」と訳され、人が神（とりわけ聖霊）に触れるとき、それは神の実体（ウーシア）ではなく、エネルゲイアに触れているのだと理解される。ティク・ナット・ハン師は「神のエネルギー」という言葉で、文字どおりの「エネルギー」と「エネルゲイア」の意味を重ねあわせているように思われる（大森正樹『エネルゲイアと光の神学――グレゴリオス・パラマス研究』知泉書館などを参照）。

（6）**ヌーメナ**　「知性」を意味する「ヌース（nous）」と、「現象」を意味する「フェノメナ（phenomena）」の合成語で、もともとは「考えられたもの」「構想されたもの」の意。「ヌーメナ（noumena）」は複数形で、単数形は「ヌーメノン（noumenon）」。プラトン哲学では「イデア」に相当。カント哲学では、現象の背後にあって直接認識・経験することのできない「物自体」のことを指す。本書では一貫して「本体」と訳す。

（7）**中観派**　原文Madhyamika（マーディヤミカ）。

（8）**唯識派**　原文はDharmalakshana（ダルマラクシャナ）で、そのまま訳せば「法相宗」となるところだが、「中観派」とのかねあいを考えて「唯識派」とした。瑜伽行派ともいう。

（9）**神は存在の基盤である**　原文はGod is the ground of being. ドイツの神学者パウル・ティリッヒ（一八八六―一九六五）の『組織神学』（邦訳、新教出版社）に出てくることば。邦訳では「存在の根拠」となっているが、本書では、ティク・ナット・ハン師の考えにできるだけ沿うべく、「基盤」ということばを採用した。『組織神学』の当該箇所は次のとおり。

神は存在の根拠であるから、神は存在の構造の根拠である。神がこの構造に従属しているのではなく、構造が神のうちにその根拠を有するのである。神はこの構造であり、この構造による以外神について語ることは不可能である。（『組織神学』第一巻、谷口美智雄訳、新教出版社、三〇二頁）

（10）**身体**（色）、**感情・感受作用**（受）、**知覚作用**（想）、**心の形成物**（行）、**意識**（識）　仏教においてすべてのものを構成するとされる要素、いわゆる「五蘊」。原文はそれぞれ、form, feelings, perceptions, mental formations, consciousness. このうち「心の形成物（行）」はややわかりにくいかもしれないが、「意志の作用」ないし「心の潜在的形成力」で、たとえば、何かの行動をしようと思うといったことを指す。

（11）**テイヤール・ド・シャルダン**　ピエール・テイヤール・ド・シャルダン。カトリック司祭・考古学者。一八八一年、フランスの貴族の家柄に生まれる。イエズス会の神学校で哲学を学び、また地質学と古生物学を研究。一九一一年、司祭叙階。一九二二年、パリ博物館で博士号取得。一九二三年、中国へ赴き、黄河流域学術調査団に加わって発掘調査に従事、北京原人発見にも関与。中国には二十年間留まり、第二次大戦後ヨーロッパに戻るが、カトリック教会に思想を危険視され、ニューヨークへ異動。アフリカへの旅行でアウストラロピテクスの研究にも携わる。一九五五年、ニューヨークにて逝去。

（12）**「神は一人格ではないが、しかし人格以下のものではない」**　前出のドイツの神学者ティリッヒの『組織神学』に出てくることば。このことばは人格神をめぐる議論で述べられたものなので、この箇所の原文の person もほぼ「人格」と訳した（文脈的にそうしなかったものもある）。『組織神学』邦訳の当該箇所は次のとおり（当該箇所を《　》で囲む）。

「人格神」とは神が一個の人格であることを意味しない。それは神がすべて人格的なものの根拠であること、また神は神自身の内に人格の存在論的力を帯びていることを意味する。《神は一人格ではないが、しかし人格以下のものではない。》古典神学が人格personaなる語を神自身に対してではなく、三一神論的hypostasis（神格）に対して用いたことを忘れてはならない。神が「一人格」になったのはようやく十九世紀になって、道徳律の支配する自然界のカント的分離に関連してのことである。通常の有神論は、神を世界と人類を超えて上に住む天上の全く完全な人格者とした。このような至高の人格者に対する無神論の反抗は正しい。かような者にはその存在の証拠もなく、また彼は究極的関心の対象でもない。神は普遍的関与がなければ、神ではない。「人格神」は紛わしい象徴である。（『組織神学』第一巻、新教出版社、三二〇–三二一頁）

（13）**生まれ変わり**　原語はreincarnationで、通常「輪廻」と訳されるが、ティク・ナット・ハン師はこのことばを仏教徒はあまり使わず、rebirthのほうを好むと記述しているため、日本の人々の語感を鑑み、あえてreincarnationを「生まれ変わり」、rebirthを「輪廻転生」と訳した。

（14）**無我**　すべての存在には他から独立して存続しつづける不変の実体はない、とする仏教の基本テーゼ。アナッター（anattā）はパーリ語で、サンスクリット語では「アナートマン（anātman）」。

（15）**人格主義**　人格を最も価値のあるものだとする思想で、典型的にはカントの道徳思想。

（16）**聖トマス・アクィナスの存在の哲学**　トマス・アクィナス（一二二五頃–一二七四）は、南イタリア生まれの神学・哲学者。中世最大のスコラ学者と見なされ、カトリックの聖人にして教会博士。アリストテレス、ボエティウス、アヴィセンナ、アヴェロエスなどの哲学を受け継ぎ、天地を創造し、万物を存在せしめる神を、何らの本質的・物理的限定も受けない「存在（esse）そのもの」とする。

（17）**神愛**　原文はcharityで、ラテン語では「カリタス」、ギリシャ語では「アガペー」。神の愛のこと。キリスト教では、人間が神に対して持つべき三つの徳（対神徳＝信仰、希望、愛）のひとつとして「愛徳」

とも呼ばれる。

(18) **神に向けられた愛と人類に向けられた愛**　イエスは言われた。「『心を尽くし、精神を尽くし、思いを尽くして、あなたの神である主を愛しなさい。』これが最も重要な第一の掟である。第二も、これと同じように重要である。『隣人を自分のように愛しなさい。』律法全体と預言者は、この二つの掟に基づいている。」（マタイ22・37―40）

(19) **敵をいかに愛すべきか**　「あなたがたも聞いているとおり、『隣人を愛し、敵を憎め』と命じられている。しかし、わたしは言っておく。敵を愛し、自分を迫害する者のために祈りなさい。」（マタイ5・43―44）

(20) **身体、感情・感受作用、知覚作用、心の形成物、意識**　五蘊。本章の註（10）を参照。

(21) **「誰も同じ川で二度は泳げない」**　古代ギリシャの哲学者ヘラクレイトス（紀元前五四〇頃―同四八〇頃）のことば。

(22) **「川は日夜流れてやまない」**　『論語』子罕篇第九の一七に「子川上に在りて曰く、逝く者は斯くの如きか、昼夜を舎《お》かず」とある。

(23) **聖書にもあるとおりです**　「はっきり言っておく。一粒の麦は、地に落ちて死ななければ、一粒のままである。だが、死ねば、多くの実を結ぶ。」（ヨハネ12・24）

(24) **プドガラ派**　無我説をとるにもかかわらず、五蘊の他に、輪廻の主体となる人格的な存在「プドガラ（補特伽羅）」を認める仏教の部派の総称。仏教教団はブッダの死後百年で上座部と大衆部と大きくふたつに分裂し、その後さらに分裂を重ねて、十八から二十ほどの分派にわかれたとされるが、そのなかで上座部系の部派から仏滅後三百年頃に分派したといわれる犢子部や、その犢子部から分派したといわれる正量部が、プドガラを認める部派として有名。プドガラは輪廻の主体として常住の存在なので、アートマンとほとんど同じであり、実質的に有我説ではないかという批判がある。

(25)玄奘（六〇二―六六四）の『大唐西域記』には、当時のインドには、プドガラ派である正量部に属する僧侶が六万六千五百人おり、それは小乗仏教の僧侶全体の半分にあたると書かれている。当時の仏教の最大派閥であった。

(26)**生きるべきか、死すべきか**　原文は'To be, or not to be.'シェイクスピアの悲劇『ハムレット』第三幕第一場。デンマークの王子ハムレットが生と死のあいだで懊悩する有名な科白から。「生きるべきか、死すべきか、それが問題だ」という人口に膾炙した台詞を巧妙に使って、「観念を超える」という趣旨を際立たせている。ナット・ハン師のひねりの効いたユーモア。

(27)**「霊」**　原文は"spirit"。聖書でも聖霊は「霊」と呼ばれているが、聖霊を「霊」と呼ぶ場合、英語は「the Spirit」と頭文字が大文字になるのが通例。ここでの spirit は「霊魂」とか「精霊」のような超自然的存在を指すと思われる。

(28)マタイ22・37―40、およびマタイ5・43―44。本章の註（18）（19）を参照。

第2章　わが家にかえる

(1)**存在のよりどころ**（根拠）　原文は「the foundation of being」。ティリッヒの『組織神学』のなかのことば「the ground of being」（同書の邦訳では「存在の根拠」と訳されている）は、本書では一貫して「存在の基盤」と訳している。そのため「the foundation of being」を「存在のよりどころ（根拠）」とした。

(2)ティリッヒの『組織神学』のなかのことば。第1章の註（12）を参照。

(3)（バプテスマの）**ヨハネが……瞑想を行いました**　マルコ1・9―13、マタイ3・13―4・11、ルカ3・21―4・13。

(4)**みずからを島とし、みずからをたよりとせよ**　大パリニッバーナ経第二章の二六に、ブッダが亡くなる前のことばとして「この世で自らを島とし、自らをたよりとして、他人をたよりとせず、法を島とし、法をよりどころとして、他のものをよりどころとせずにあれ」とある（引用は『ブッダ最後の旅——大パリニッバーナ経』中村元訳、岩波文庫より）。「みずからを島と」の原文は「アッタディーパー（attadīpā）」。この文言は日本では伝統的に「自灯明、法灯明」の「自灯明」として知られる。

（5）**仏身**（ブッダの身体）　法身・報身・応身の三身のこと。

（6）**ヴァッカリ**　パーリ語だと「ヴァッカリ」、サンスクリット語だと「ヴァイカリ」。パーリ経典の逸話としてよく知られているので、パーリ語の読みを採用した。

（7）**ギッジャクータ山**　霊鷲山。インドの現在のビハール州にある山。ブッダ時代のマガダ国の首都ラージャガハ（ラージャグラハ）に近く、ブッダが多く説法をした場所として知られる。前註と同様、パーリ語だと「ギッジャクータ」、サンスクリット語だと「グリドラクータ」と読みが違い、こちらもパーリ語の読みを採用した。

（8）このヴァッカリの逸話はパーリ経典相応部（サンユッタ・ニカーヤ）の第四集第二部第四章第五節「ヴァッカリ」の一部である。逸話全体に興味のある方は『原始仏典Ⅱ　相応部経典』第三巻（春秋社）をご参照いただきたい。

（9）**神は人間をみずからの似姿に創造された**　神は御自分にかたどって人を創造された。神にかたどって創造された。男と女に創造された。（創世記1・27）

（10）**所知障**　悟りや修行の妨げになるもののうち、怒りや貪欲や怠け癖など感情や欲望に起因する妨げを煩悩障、まちがった知識やまちがった思考方法による妨げを所知障という。とりわけ大乗仏教で強調される。

（11）**無学**　部派仏教の修行の到達点である阿羅漢の別名。これ以上学ぶことがないので「無学」という。これに対し、それより下の段階である不還・一来・預流は「有学」と呼ばれる。

(12)**「心せよ、ブッダに会ったら、ブッダを殺せ」**『臨済録』の「示衆」十にある有名なことば。「逢仏殺仏」。当該箇所は次のとおり。

逢佛殺佛。逢祖殺祖。逢羅漢殺羅漢。逢父母殺父母。逢親眷殺親眷。始得解脱。不與物拘。透脱自在。

=佛に逢うては佛を殺し、祖に逢うては祖を殺し、羅漢に逢うては羅漢を殺し、父母に会うては父母を殺し、親眷に逢うては親眷を殺して、始めて解脱を得ん。物と拘はらず透脱自在なり。(『臨済録』朝比奈宗源訳註、岩波文庫より引用)

(13)**三昧**　原文は「samadhi」。禅定において精神集中が深まった状態。「定」と訳されることもある。

第3章　御子よ、われに来たれ

(1)**ビギニング・アニュー**　伝統的な用語でいう「懺悔」のこと。仲間の修行者に感謝を示し、仲間を傷つけるようなことをした場合には、それを告白し謝罪する。道場では二週間に一度集まって行われるほか、個々人が適宜行うこともできる。伝統的には仏壇に向かい、懺悔の偈頌を唱えてブッダの赦しを乞うものだが、《タイ》はこれを革新し、仏像に向かって懺悔するだけでなく、われわれ個々人の内なるブッダに向かって懺悔し、日常生活におけるたがいの関係をリフレッシュするものとした。

(2)**菩提心**　「悟りを求める心」の意味。大乗仏教においては、「衆生の救済を願うがゆえに悟りを求める」と、慈悲を強調するニュアンスが強い。

(3)**弥勒**　(マイトレーヤ)　マイトレーヤ(Maitreya)は、「慈しみ」を意味するサンスクリット語の「マイトリー（maitri）」から派生した名前なので「愛のブッダ」と呼ばれている。「弥勒」はその音写だが、漢訳でも意味をとって「慈氏」と書かれることがある。弥勒は現在、天界のひとつである兜率天で修行中であり、はるかな将来、釈迦仏の次の仏としてこの世界に現れるとされているので、「未来仏」ともいわれる。

（4）**泥のなかから蓮華の花が咲く**　『維摩経』「仏道品」第八に「譬如高原陸地不生蓮花、卑湿淤泥乃生此華」とあるところから。最近発見されたサンスクリット語原典からの翻訳は、高橋尚夫・西野翠『梵文和訳維摩経』（春秋社、二〇一一年）の一四五頁を参照。

（5）原文は pull yourself together and be there.「pull oneself together」は「気をとりなおす」「自分を落ちつかせる」「集中する」といった意味の慣用表現。特に、慌てたり混乱した気持ちを立てなおすときに使われるようである。

（6）イエスは洗礼を受けると、すぐ水の中から上がられた。そのとき、天がイエスに向かって開いた。イエスは、神の霊が鳩のように御自分の上に降って来るのを御覧になった。（マタイ3・16）
水の中から上がるとすぐ、天が裂けて〝霊〟が鳩のように御自分に降って来るのを、御覧になった。（マルコ1・10）

（7）洗礼の形式には、浸礼、灌水礼、滴礼の三つがあり、大ざっぱにいえば、それぞれ「受洗者の全身を水に沈める」「頭の上に水をそそぐ」「水滴を頭上にふりかける、ないし、聖水に濡らした手で頭を水のなかに浸すしぐさをする」というものである。正教会では浸礼が一般的とされるが、教会の設備の事情などによって他の方式を採ることもあるという。カトリックでは灌水礼が一般的であり、神父が聖水盤の水に祈りを捧げて聖別してから水をそそぐ。

（8）**五つの気づきのトレーニング**　伝統的な五戒をもとに作成されつつも、五項目のなかに、ブッダが説いた四聖諦、八正道、理解と慈悲の教えのエッセンスが簡略化され、グローバルな霊性と倫理性を求める仏教的ヴィジョンとして提示されている。このトレーニングは時代に即した内容に文言が改変され、進化している（第4章で詳述される。また巻末に最新の二十一世紀版を掲載する）。

（9）**叙階**　叙階は、司教・司祭・助祭といった聖職者に任じられる秘跡であり、修道者となることそのものは叙階ではなく、修道者ではない司祭（教区司祭）も存在する（ただし結婚不可）。また、終身助祭という身分があり、助祭に叙階される前に結婚していたのであれば、妻帯者でも就任できる。正教では、輔祭（カトリックの助祭）や教区司祭は妻帯者でも就任できる。ただし輔祭に叙聖（カトリックの叙階）される以前に結婚したのでなくてはならない。

（10）**聖餐式**　「ミサ」ないし「ミサ聖祭」はカトリックだけの用語で、プロテスタントでは「聖餐式」、正教では「聖体礼儀」という。イエスの最後の晩餐を記念し、パンをキリストの体とし、ワインをキリストの血として、信徒がわけあって食す儀式（カトリックでは信徒はパン（ホスチア）のみを口にすることが多い）。なお、プロテスタントでは通常、洗礼と聖餐のみを秘跡として認め、そのほかは秘跡と認めていない。

（11）**病者の塗油**　伝統的には臨終の床にある者に対して行われ、「終油の秘跡」と呼ばれていた。現在は必ずしも臨終の床とはかぎらず行うことができる。

（12）**不二**　原文は non-duality. サンスクリット語の「アドヴァヤ（advaya）」に当たる。大乗仏教の「空」（śūnya）を現実世界との関係で言い表したもの。生・死、苦・楽、物・心などの相対するふたつのものは、独立した実体（我）を持たず、根底で不二一体をなしている。空と不二が事物の実相で、それをつかむことが悟りである。『維摩経』「入不二法門品」第九を参照。

（13）主の祈りの冒頭部。主の祈りとは、福音書（マタイ6・9–13、ルカ11・2–4）でイエス自身が弟子に教えたとされる祈祷文。本翻訳では、明治元訳の新約聖書（一八八〇年）のものを使用する。ただし旧仮名遣いは新仮名遣いに改め、漢字の表記も読みと大きく異なる場合が多いので、読みに合わせて、漢字の部分を適宜、仮名とした。

（14）『老子』體道第一に「名可名、非常名（名の名とすべきは、常の名にあらず＝名づけられるような名は真実の名ではない）」とある。

（15）福音書には「だから、明日のことまで思い悩むな。明日のことは明日自らが思い悩む。その日の苦労は、その日だけで十分である」（マタイ6・34）ともある。

（16）このとおりのことばはミサの典礼文や福音書には存在しないので、イエスのことばをティク・ナット・ハン師が要約したものと思われる。参考までに福音書の当該箇所を引用する。

一同が食事をしているとき、イエスはパンを取り、賛美の祈りを唱えて、それを裂き、弟子たちに与えながら言われた。「取って食べなさい。これはわたしの体である。」また、杯を取り、感謝の祈りを唱え、彼らに渡して言われた。「皆、この杯から飲みなさい。これは、罪が赦されるように、多くの人のために流されるわたしの血、契約の血である。……」（マタイ26・26–28）

一同が食事をしているとき、イエスはパンを取り、賛美の祈りを唱えて、それを裂き、弟子たちに与えて言われた。「取りなさい。これはわたしの体である。」また、杯を取り、感謝の祈りを唱えて、彼らにお渡しになった。彼らは皆その杯から飲んだ。そして、イエスは言われた。「これは、多くの人のために流されるわたしの血、契約の血である。……」（マルコ14・22–24）

それから、イエスはパンを取り、感謝の祈りを唱えて、それを裂き、使徒たちに与えて言われた。「これは、あなたがたのために与えられるわたしの体である。わたしの記念としてこのように行いなさい。」食事を終えてから、杯も同じようにして言われた。「この杯は、あなたがたのために流される、わたしの血による新しい契約である。……」（ルカ22・19–20）

第4章　法身――真理の身体をもとめて

（1）ティク・ナット・ハン師が言及しているのは、『華厳経』浄行品第七を出典とする、いわゆる「三帰礼文」のことであろうと思われる。日本の伝統仏教でもよく用いられる。全文は次のとおり。

(1) 自帰依仏、当願衆生、体解大道、発無上意（自ら仏に帰依したてまつる。まさに願わくは衆生とともに、大道を体解して、無上意を発さん）

(2) 自帰依法、当願衆生、深入経蔵、智慧如海（自ら法に帰依したてまつる。まさに願わくは衆生とともに、深く経蔵に入りて、智慧海のごとくならん）

(3) 自帰依僧、当願衆生、統理大衆、一切無碍（自ら僧に帰依したてまつる。まさに願わくは衆生とともに、大衆を統理して、一切無碍ならん）

（2）三帰礼拝文の(1)に対応していると思われる。註（1）を参照。

（3）三帰礼拝文の(2)に対応していると思われる。註（1）を参照。

（4）三帰礼拝文の(3)に対応していると思われる。註（1）を参照。

（5）出家（僧・尼僧）は具足戒を受けた修行者。在家は三宝に帰依し、五戒を受けた者。

(6)**三蔵**（トリピタカ）　仏教経典の総称。律（戒律すなわち道徳や僧団の規則）、経（ブッダの教え）、論（戒律やブッダの教えの註釈や解釈）の三つの部分からなる。

(7)**ドゥッカ……マールガ**　「ドゥッカ（dukkha）」はサンスクリット語（とパーリ語）で「苦しみ」のこと。「マールガ（mārga）」はサンスクリット語で「道」のこと。パーリ語では「マッガ（magga）」。

(8)第3章の註（8）を参照。なお、本書の五つのマインドフルネス・トレーニングは、原書の書かれた一九九九年版である。最新の二十一世紀版も巻末に掲載する。

(9)**使徒信条**　二世紀後半にローマ教会で信仰告白として使われていた古ローマ信条にもとづいてつくられたものとされ、カトリックとプロテスタント共通の信仰告白（正教は用いない）。ただし現代のかたちになったのは比較的後代で、その成立の経緯にはいろいろと議論がある（渡辺信夫『古代教会の信仰告白』新教出版社などを参照）。本書ではプロテスタントで通常用いられている訳を使用する。

(10)**ニカイア・コンスタンティノポリス信条**　アリウス派を異端として排斥した第一ニカイア公会議（三二五年）で定められたものが本来のニカイア信条（原ニカイア信条）だが、現在一般にニカイア信条と呼ばれているのは、三八一年の第一コンスタンティノポリス公会議で定められたニカイア・コンスタンティノポリス信条のことで、本書においても同様である。父なる神と子なるキリストの同一本質《ホモ・ウーシオス》が定められている。また正教とカトリックでは文言に違いがあり、それが正教とカトリックの分裂の大きな原因になった。全文は以下のとおり（『カトリック祈祷書』あかし書房より引用）。

わたしは信じます。唯一の神、
全能の父、天と地、見えるもの、見えないもの、すべてのものの造り主を。
わたしは信じます。唯一の主イエス・キリストを。

主は神のひとり子、すべてに先立って父より生まれ、
神よりの神、光よりの光、まことの神よりのまことの神、
造られることなく生まれ、父と一体。すべては主によって造られました。
主は、わたしたち人類のため、わたしたちの救いのために天からくだり、
聖霊によって、おとめマリアよりからだを受け、人となられました。
ポンティオ・ピラトのもとで、わたしたちのために十字架につけられ、苦しみを受け、葬られ、
聖書にあるとおり三日目に復活し、天に昇り、父の右の座に着いておられます。
主は、生者（せいしゃ）と死者を裁くために栄光のうちに再び来られます。
その国は終わることがありません。
わたしは信じます。主であり、いのちの与え主である聖霊を。
聖霊は、父と子から出て、
父と子とともに礼拝され、栄光を受け、また預言者をとおして語られました。
わたしは、聖なる、普遍の、使徒的、唯一の教会を信じます。罪のゆるしをもたらす唯一の洗礼を認め、
死者の復活と来世のいのちを待ち望みます。

第5章　愛の意味

（1）神は愛です。（ヨハネの手紙一4・16）
（2）イエスは言われた。「『心を尽くし、精神を尽くし、思いを尽くして、あなたの神である主を愛しなさい。』」（マタイ22・37）

(3)出典不詳。ただしヨハネの手紙一4・8には「愛することのない者は神を知りません。神は愛だからです」とあるなど、類似した表現は聖書中に多く登場する。

(4)**一即多・多即一**　「一即一切・一切即一」ともいう。すべてのものは無限につながる関係性のなかで成立しており、それゆえ芥子粒のなかにも全宇宙が含まれているという華厳経の思想を表現することば。

(5)原文はThere is the nature (svabhāva) and there is the appearance (lakṣaṇa).「スヴァバーヴァ」は通常「自性」と訳され、「もの本来の真の性質」「本性」のこと。「ラクシャナ」は伝統的には「相」と訳され、「現象」とか「現れ」のこと。

(6)**生きとし生けるものは、たがいに父であり母である**　禅宗でもよく用いられる『大乗本生心地経』「衆生恩」第二に次のようにある。

無始より来《このかた》、一切衆生、五道に輪転して百千劫を経、多生中に於て互に父母と為る。互に父母と為るを以ての故に、一切の男子は即ち是慈父にして、一切の女人は即ち是慈母なり。(『大乗本生心地経』「衆生恩」第二。『国訳一切経』経集部6、大東出版社より引用)

(7)**パーソン・ツー・パーソン**　現在ではめずらしいが、交換手経由で電話をかけるとき、電話番号を指定する方法と、通話者を指定する方法があり、前者を「ステーション・ツー・ステーション・コール」、後者を「パーソン・ツー・パーソン・コール」という。別名、指名電話。通常は、相手が電話に出るまで料金がかからないものらしい。

(8)「わたしは道であり、真理であり、いのちである。わたしを通らなくては、だれも父のもとに行くことはできない。」(ヨハネ14・6)

（9）原文は「Jesus loves me, This I know」。アナ・P・ウォーカー作詞、ウィリアム・ブラッドベリー作曲の賛美歌の題名。一八五九年に出版されたアナ・ウォーカーの小説に歌詞が挿入されたのが初出とされる。日本でも賛美歌四六一番「主われを愛す」として親しまれているが、日本語の題名や歌詞には「this I know」の部分がないので、原文をそのまま訳した。

（10）**アーナンダ**　ブッダの従兄弟で、ブッダの従者として涅槃のときまでいつも行動をともにした。そのためブッダの説法をもっとも多く聞いており、「多聞第一」と呼ばれる。ブッダの死後に教団が経典をまとめるとき、記憶していたブッダの教えを語った。お経のはじめに「如是我聞（このように私は聞いた）」とあるが、その「我」はアーナンダのことだといわれる。

（11）**シャーリプトラ**　パーリ語だとサーリプッタ。ブッダ第一の高弟で、「智慧第一」とされる。もともとは懐疑論者サンジャヤの弟子だったが、仏弟子のアッサジから仏説を聞いて、友人のマウドゥガリヤーヤナ（目連）とともに仏弟子となった。ブッダに先んじて病没した。

（12）**ニルマーヤカーヤ**　応身、化身、または変化身と訳される。ブッダには法身（ダマルカーヤ）・報身（サンボーガカーヤ）・応身（化身）の三つのありかたがあって、応身はこの世界に現れる肉身としてのブッダ。したがって釈迦牟尼仏は応身である。ただし応身と化身を別のものとする考えもあり、それによると、応身はこの世に現れる肉身としてのブッダであり、化身はブッダが仮に、仏以外の別のすがたに変身したものだという。

（13）一同が食事をしているとき、イエスはパンを取り、賛美の祈りを唱えて、それを裂き、弟子たちに与えながら言われた。「取って食べなさい。これはわたしの体である。」（マタイ26・26）。

（14）だから、あなたが祭壇に供え物を献げようとし、兄弟が自分に反感を持っているのをそこで思い出したなら、その供え物を祭壇の前に置き、まず行って兄弟と仲直りをし、それから帰って来て、供え物を献

げなさい。（マタイ5・23―24）

(15)愛することのない者は神を知りません。神は愛だからです。（ヨハネの手紙一4・8）

(16)「**世界よ、とまれ、もう逃げだしたい**」 原文は「Stop the world, I want to get off」。レスリー・ブリカスとアンソニー・ニューリー共作、ニューリーが監督も務めたミュージカルのタイトル。一九六一年初演。

(17)仏説阿弥陀経の一節。「其國衆生 無有衆苦 但受諸樂」＝「その国の民衆は、もろもろの苦しみを受けず、ただもろもろの楽しみだけを受ける」（中村元・早島鏡正・紀野一義訳注『浄土三部経』下、岩波文庫より引用）

(18)三時ごろ、イエスは大声で叫ばれた。「エリ、エリ、レマ、サバクタニ。」これは、「わが神、わが神、なぜわたしをお見捨てになったのですか」という意味である。（マタイ27・46）

三時にイエスは大声で叫ばれた。「エロイ、エロイ、レマ、サバクタニ。」これは、「わが神、わが神、なぜわたしをお見捨てになったのですか」という意味である。（マルコ15・34）

(19)仏説阿弥陀経の一節。「衆生聞者、應當發願、願生彼國、所以者何、得與如是、諸上善人、倶會一處」＝「民衆で極楽国土および聖衆のことを聞く者がいるならば、まさに思い立ってかの国に生まれることを願うべきである。それはなぜであるか。このようなもろもろの立派な人とともに、みな浄土という同じ場所であいまみえることができるからである」（中村元・早島鏡正・紀野一義訳注『浄土三部経』下、岩波文庫より引用）

(20)仏説阿弥陀経の一節。「舎利弗 於汝意云何 彼佛何故 號阿彌陀 舎利弗 彼佛光明無量 照十方國 無所障礙 是故號爲阿彌陀」＝「シャーリプトラよ。おまえはどうおもうか。かの仏を、どういうわけで、阿弥陀と号するのだろうか。シャーリプトラよ。かの仏の光明は無量であり、十方の国を照らすのにさまたげが無い。ゆえに、阿弥陀というのだ。」（中村元・早島鏡正・紀野一義訳注『浄土三部経』下、岩波文庫

より引用）

（21）仏説阿弥陀経の一節。「又舎利弗　彼佛壽命　及其人民　無量無邊　阿僧祇劫　故名阿彌陀」＝「また、シャーリプトラよ。かの仏の寿命およびその民衆の寿命も、無量であり　阿僧祇劫である。ゆえに、阿弥陀と名づける」（中村元・早島鏡正・紀野一義訳注『浄土三部経』下、岩波文庫より引用）

なお、阿弥陀は「アミターバ（Amitābha）」ないし「アミターユス（Amitāyus）」の音写とされ、前者は「無限の光」、後者は「無限の寿命」を意味するとされる。

第6章　イエスとブッダは兄弟

（1）『毘尼日用切要』のこと。中国は明の時代の僧・性祇が撰述した『毘尼日用録』を、清初期の律僧・読体がさらに簡潔にまとめたもの。

（2）**マインドフルの日**　原文はDays of Mindfulness. ナット・ハン師が提唱する仏道修行の要は「マインドフルネス（念・気づき）」であるが、その具体的な実践方法として提案されたもの。プラム・ヴィレッジやリトリート期間中、および、各地のサンガなど、グループで行う場合は、一日かけて、法話、坐禅、歩く瞑想、気づきの食事などのプログラムに沿って集中的に実修される。個人で行う場合は、多忙でストレスの多い現代人が、定期的に週末などの一日をマインドフルネスに専念して過ごすこと。具体的なやり方は『〈気づき〉の奇跡』（春秋社、二〇一四年）の第3章を参照。

（3）**レイジー・デイ**　リトリートのあいだに一日だけ何もしないで自由にすごす日。

（4）施餓鬼会のこと。日本でも盂蘭盆や彼岸に、戸外に精霊棚を設けて食べものを供え、餓鬼に施しをする風習がある。

付録　五つのマインドフルネス・トレーニング――最新版

(1)**インタービーイング**　相依相関、相互存在、相即。「ここにある」とは「ともにある」こと。すべてのものはそれ以外のすべてのものとともに存在しているということ。

(2)**布施**　菩薩の六つの実践徳目（六波羅蜜）の一つ。施す者も、施される者も、執着の心を離れて施すこと。財施、法施、無畏施の三施がある。

(3)**正命**　正しい生活（八正道――正見・正思惟・正語・正業・正命・正精進・正念・正定――の修行の一つ）。

(4)**四無量心**　慈（maitrī）悲（karuṇā）喜（maditā）捨（upekṣā）の四つ。

(5)**正精進**　正しい努力（八正道の修行の一つ）。

(6)**こころ**　阿頼耶識《あらやしき》（蔵識）のこと。眼・耳・鼻・舌・身の前五識と、意識（第六識）、末那識《マナ》（第七識）、阿頼耶識（第八識）からなる唯識派の心の構造の第八識。意識の下に存在し、現象の結果（業）を次の現象の原因（種子）として貯めこみ、それを現象として具現化し、またその結果を次の現象の原因として貯めこむことをくりかえして世界を存続させていく縁起の基盤。

(7)**四食**　「四食経《しじききょう》」（The Sutra of the Four Nutriments）で説明される四種の食べもの。段食《だんじき》（口から摂取する食べもの）、触食《そくじき》（感覚の接触という食べもの）、思食《しじき》（意思という食べもの）、識食《しきじき》（意識という食べもの）の四つ。

帰命・ほんとうのわが家にかえる——訳者あとがきにかえて

本書『イエスとブッダ——いのちに帰る』は、*Going Home: Jesus and Buddha as Brothers*: New York, Riverhead Books, 1999 の全訳です。この本には『生けるブッダ、生けるキリスト』（春秋社、一九九六年）（原題 *Living Buddha, Living Christ*: New York, Riverhead Books, 1995）という双子の兄弟本があります。両書はともに当時のベストセラーで、米国のＳ＆Ｐ（Spirituality & Practice）賞を受賞し、発売当初から、西欧の宗教界、特にキリスト教社会に大きな問題提起を投げかけました。

訳者が、後者の存在を知ったのは、著者のティク・ナット・ハン禅師（以下「先生」を意味する愛称「タイ」と記す）によるはじめての日本リトリート（一九九五年四〜五月）直後のことでした。あれから二十年の年月が流れ、今日、ようやくこの双子の兄弟本を上梓することができたことは、訳者、読者のみならず、タイにとって、僥倖であったように思われます。なぜならば、この二冊は、ベトナム戦争の戦火や仏教弾圧、米国プリンストン大学での教鞭やベトナム戦争終結への努力、フランスへの亡命、アジアの難民救済活動など、二十世紀末までの三十年間、西欧諸国で地球仏教を生きてこられたタイのひとつの帰結――「世界は仏教とキリスト教を必要としている」――であるからです。

『生けるブッダ、生けるキリスト』では、キリスト教の宗教者や平和活動家たちとの交流から得た直感的体験や洞察をもとに、両者が語りあうための共通言語や類似点、宗教を超えた相互理解の必要性が提示され、仏教とキリスト教の対話のための土壌づくりと種まきがなされました。四年後に出版された本書では、イエスとブッダの教えの根本に戻り、二十世紀のイエスとブッダたちが助けあって地球の平和と幸福を実現するための実践知（戒・定・慧の「智慧の学び」）が説かれています。新しい世紀に向けて両宗教の理解と実践の扉がひらかれたといえるでしょう。

喜寿を迎えられたナット・ハン師の深く澄んだ声が、二十年の歳月を超えて、私たちひとりひとりの心の扉をもひらいてくださっているように思われます。

限りなき実在の人、人間として、仏教の大家としての矜持。
もし今日、この地上に「生けるブッダ」と呼べる人がいるとすれば、
その人こそ、ティク・ナット・ハン禅師である。

――リチャード・ベイカー老師

＊

キリスト教と仏教が出会うためには、おたがいをより深く知りあう必要があります。タイは両宗教の理解の糸口として、あるカトリックの司祭から聞いた「聖霊とは神から送られてくるエネルギー」という説明にヒントを得て、仏教のマインドフルネス（念、気づき）とキリスト教の聖霊《ホーリー・スピリット》（三位一体の「父と子と聖霊」）のエネルギーはほとんど同じものであり、私たちの実存の最も深い次元に触れさせてくれるものと直感しました。マインドフルネスは私たちを仏性（涅槃）に導き、聖霊は三位一体への道をひらいてくれる。ホーリー・スピリットという入り口から入れば、いのちという神の国に触れることができるのです（前掲書二三～二四頁）。

仏教ではいま・ここの一瞬一瞬に気づくマインドフルネスの練修をしますが、マインドフルネスは、仏性（仏と同じ本性、あるいは如来の胎児《タターガタ・ガルバ》）に触れさせてくれる気づきのエネルギーです。誰でも意識の深奥にマインドフルネスの種子を蔵していて、修行によってこの種を発芽させることができるのです。私たちの内にあるブッダ（目覚める力）であり、仏性（悟りの本質）と呼ばれるものです。大乗仏教の開花結実の基盤となったのが、誰にでも如来の胎児が蔵されているというこの如来蔵思想です。マインドフルネスがそこにあれば、現在のこの瞬間に深く触れ、自分のなかに他者を理解し受容し愛そうとする心、他者の苦しみを軽減して喜ばせたいという願望（慈悲の心）が湧いてきます。キリスト教でも神は私たちの心に種子のかたち――

「天の国はからし種に似ている」（マタイ13・31）――として存在しています。この如来蔵種子＝聖霊蔵種子という図式が、両宗教をつなぐ重要な立脚点です。

生きて成長する信仰を育て、自己変容していくには、修行（プラクティス）が必要です。次にその方法として、キリスト教の聖餐式（聖体拝領）と仏教の三宝帰依のプラクティスの重要性が語られます。最後の晩餐として知られるイエスの過越の祭りは、イエスの驚くべき存在の奥義です。敬虔な心で静まり、ホーリー・スピリットをもってイエスの血と肉に触れることによって、神の国が顕現し、私たちは生まれ変わります。聖餐式はイエスのいのちに触れる儀式であり、気づきの鐘なのです。一方、仏教の三宝帰依は、マインドフルにブッダ、ダルマ、サンガ（仏法僧）に触れる練修ですが、仏教の三位一体と呼ぶにふさわしいものです（前掲書、一二二頁）。この三宝帰依によって、誰もが自分のなかにあるマインドフルネスの種子に触れ、その力を成長させていきます。三宝帰依は、マインドフルネス、マインドフルネスの呼吸（意識的呼吸）、五蘊（自分を構成する五つの要素）に戻るプラクティスです。しかし、三宝に帰依するという信仰表明だけでは変容は訪れません。たゆまず三宝という「安全な島」に帰る練修が必要だと、タイはくりかえし語られます（自灯明、法灯明）。

両宗教の共通点を探る試みにおいて、神の国と涅槃は同じものであり、いつでも誰でも、いま・ここで触れることができる、とタイは訴えます。究極の次元と歴史的次元が交錯するところ、まさにその接点に、神の国・涅槃が現前しているのです。私たちはただそれに気づけばよいのです。波と水が不離一体であるように、「しずかに覚めた平和と喜びの状態」に気づけば、これこそが神の国であり、涅槃なのです。この洞察は、アメリカで活躍したドイツのプロテスタント神学者パウル・ティリッヒの「神は存在の根拠」という考え方への共感から生まれた確信であるように思われます。

以上、両書の根本的な立脚点を要約しましたが、『生けるブッダ、生けるキリスト』が、東西の霊性の根源的一致点を明示した理論編とすれば、本書は、その革新に満ちた内容をさらに噛み砕き敷衍した実践編と言えるでしょう。これに加えて、本書にはタイご自身の自問と苦闘の足跡が真摯に語られています。イエスとブッダの生きた教えを現代の人々にどう伝えたらよいのか。世界の苦しみを癒し人々に幸福をもたらすために、どうしたらイエスとブッダがたがいに学びあい、たすけあえるのか。ベトナム戦争を生き抜き、西欧に根を下ろして二十世紀を生きてこられたタイ・ナット・ハンの渾身の訴えがここにあります。この時代に生を受けたブッダとキリストの道が示されます。

さて、六章からなる各章は、一九九五年から一九九七年までの三年間、プラム・ヴィレッジで行われたクリスマス講話の採録です。ここで私たちは、タイのことばを通して、もう一度、イエスとブッダの生きたダルマ（法身＝教えの身）に出会うのです。

＊

本書の原題「わが家に帰る《ゴーイング・ホーム》」とは、どこへ帰るのでしょうか？　わが家はどこにあるのでしょうか？　わが家ほど、私たちを安心させ、くつろがせる安全な場所はありません。しかし、「わが家」や「ふる里」という言葉には、失われたものへの郷愁が漂います。「ふる里は遠くにありて思うもの」（室生犀星）。ふる里は心のなかにある暖かく愛おしい場所であり、道に迷い、疲れた身を憩わせるところ、「埴生《はにゅう》の宿（ホーム・スウィート・ホーム）」です。「いかに貧しくともわが家にしくものなし」。ここに漂う哀愁も、彼方にある心のふる里を求める思いから発しています。ホームとは、いつも遠くにあって、帰りたい《ゴーイング》と願うところなのです。

しかしながら、タイは明言されます。本当のわが家は、どこか遠い場所にあるのではなく、私たちの毎日の暮らしのなかにあると。「本当のわが家は現在のこの瞬間のなかにあります」。ホーリー・スピリット、マインドフルネス、神、涅槃、仏性こそが、私たちの本当のわが家です。本当の意味で目覚めて生きるためには、観念や概念がつくった幻のわが家ではなく、自分のなかにすでにあるあの「しずかに覚めた平和と喜びの座」に戻ることなのです。そのとき私たちはまわりにある広大なわが家に気づきます。まわりのすべてがわが家と気づくのです。気づきの鐘に導かれて、三宝帰依に導かれて、「わが家に帰る」練修をしていきましょう、とタイは私たちに微笑みかけておられます。

いかに神に触れ、涅槃に触れるかが、「わが家に帰る《ゴーイング・ホーム》」という本書のタイトルが標榜するメッセージです。それは「帰命＝いのちに帰る」への旅と言えるかもしれません。平和で揺るぎない自由な心で、無条件に完全に神・涅槃に自己を明け渡すとき、最高の安心というわが家は私たちの内に確立するのです。

*

タイは、八十九歳になられた二〇一五年の十一月、「パーチェム・イン・テリス賞（The Pacem in Terris Award 地上の平和賞）」を受賞されました。この賞は「真理、正義、神愛、自由における普遍的平和を確立するために」、一九六三年にローマ教皇ヨハネ二十三世の回勅によって全世界の宗教者を対象にはじめられたもので、昨年のタイの受賞は、仏教者としてははじめてのものでした。この年は奇しくもマーティン・ルーサー・キング牧師の同賞受賞五十周年を記念する年でした。キング牧師はナット・ハン師との出会いに啓発されて、ベトナム戦争反対運動に積極的に関与していったタイの盟友です。タイが著した隠れた世界的名著『火の海の中の蓮華――ベトナムは告発する』（読売新聞社、一九六八年）にその友情の跡が詳しく述べられています。

受賞者のなかには、マザー・テレサ（一九七六年）、ダニエル・ベリガン神父（一九九三年）など四十四人の名前が見受けられますが、この受賞は、畏友であった米国トラピスト会（厳律シトー会）の修道者トーマス・マートンに繋がる観想と社会に関わり行動する仏教（Engaged Buddhism）の実践、イエスとブッダを等しく霊的師として「地上の平和」を築こうとされたタイのエキュメニカルな活動に対して、贈られたように思われます。

今年九十歳を迎えられる師は、二年前の秋に病に倒れ、ことばの自由を奪われたとはいえ、いまもプラム・ヴィレッジで、キリスト教と仏教の幸せな結婚を夢見ておられることでしょう。世界の平和と幸福を祈りながら。

仏教とキリスト教はインタービーイング（相依共存）しています。

「あなたが本当に幸せなクリスチャンであれば、あなたは立派な仏教徒でもあるのです」。

（前掲書一三、二〇二頁より）

＊

本書の翻訳にあたっては、プラム・ヴィレッジでのクリスマス講話という特色から、タイと聴衆の間に通う空気を再現するために、できるだけ平易で打ち解けたことばでタイの真意を伝えようとしました。しかし、第１章の理解はなかなか難解で、簡単な説明のなかに深い含意がこめられています。タイの両宗教への広い学識とその包括力に、いまさらながら驚きを禁じえません。しかし、この難所を越えると、いつものタイの優しい語り口がよみがえり、ぐいぐいと講話に引きこまれていきます。

第4章に詳述されている「五つのマインドフルネス・トレーニング」（5MT）は、タイが主宰するティエップ・ヒエン教団（The Order of Interbeing）が五戒を授与する際の生活のガイドラインであり、もっとも大切なプラクティスです。本書の5MTは、時代とともに改定されており、二十年前とはかなり文言に変更があります。五戒という生活のガイドラインも時代とともに進化していきます。地球温暖化を減らす生き方への意識変革など、戒も現代人の生活に根ざしたものでなければならないという姿勢が反映されています。付録として最新の5MTを掲載しました。ご参考になれば幸いです。

最後に、訳者の積年の願いを聞き入れて、本書の出版を企画してくださった春秋社に心よりお礼を申しあげます。編集者の小林公二氏は、『微笑みを生きる』（一九九五年）いらい今日まで、後世に残すべきタイの名著を次々と日本の読者に届けてくださいました。いつも変わらぬ支援にお礼を申しあげます。また、プラム・ヴィレッジのシスター・チャイ様からは、タイの教えや修行について貴重な助言をいただきましたことを、この場を借りてお礼申しあげます。

本書には、講話でありながら、仏教とキリスト教の過去二千年を超える叡智がぎっしりと詰まっています。訳者の非力によって、力及ばないことも多々ありました。読者の皆様の忌憚のないご教示を心よりお願いいたします。

平成二十八年重陽の節句　奈良生駒山麓にて

池田久代

ティク・ナット・ハン師は、出家や在家の方々が気づきの生活（マインドフル・リヴィング）を実践することができるリトリート・センターを世界各地に開いています。関心がある方は次のセンターに連絡してください。

プラムヴィレッジ（フランス）
住所：13 Martineau, 33580 Dieulivol, France
ウェブサイト：www.plumvillage.org
日本語でのお問い合わせ：japan@plumvillage.org

・その他、世界のセンター

アジア応用仏教研究所（香港）　www.pvfhk.org
タイ・プラムヴィレッジ（タイ）　http://www.thaiplumvillage.org/
ブルークリフ（米国ニューヨーク）　http://www.bluecliffmonastery.org/
ディアパーク（米国カリフォルニア）　http://deerparkmonastery.org/
マグノリアグローヴ（米国ミシシッピー）　http://magnoliagrovemonastery.org/
ヨーロッパ応用仏教研究所（ドイツ）　https://eiab.eu/?lang=en

・日本各地のサンガ

ティク・ナット・ハン　マインドフルネスの教え（2015 来日招聘委員会 HP）
http://tnhjapan.org/
バンブーサンガ（関西）　http://bamboosangha.wix.com/bamboo-sangha
微笑みの風（東京）　http://www.windofsmile.com/
ゆとりや（神奈川）　http://www.yutoriya.net
東京サンガ・すもも村　http://tokyosangha.blogspot.jp
京都マインドフルネス・プラクティス・グループ
https://www.facebook.com/KyotoMindfulnessPracticeGroup?ref=hl
名古屋サンガ　gogogoro12@gmail.com
四国サンガ　mutsuko1221kata@yahoo.co.jp
沖縄サンガ　heartofearth256@gmail.com

著者略歴

ティク・ナット・ハン *Thich Nhat Hanh*

1926年、中部ベトナムで生まれる。10代で出家し禅僧となる。ベトナムで社会奉仕青年学校、ヴァン・ハン仏教大学、ティエップ・ヒエン（インタービーイング）教団を設立。コロンビア大学、ソルボンヌ大学でも教鞭を執る。激化するベトナム戦争のさなか、中立の立場から平和と停戦を訴え、戦争被害者救済に尽力するが、北からも南からも敵視・迫害され、1966年にはフランスに亡命を余儀なくされる。1973年のパリ平和会議には宗教者代表として出席。以降、〈行動する仏教〉をモットーに、農業、著述・講演活動と同時に、難民救済活動に尽力し、仏教の布教と平和活動をつづけた世界的仏教者。2022年に逝去。英語、仏語、ベトナム語の著書多数。邦訳のある著書に『微笑みを生きる』『生けるブッダ、生けるキリスト』『禅への鍵』『禅への道』『小説ブッダ』『死もなく、怖れもなく』『法華経の省察』『〈気づき〉の奇跡』（春秋社）、『仏の教え　ビーイング・ピース』（中公文庫）、『あなたに平和が訪れる禅的生活のすすめ』『あなたに幸福が訪れる禅的生活のこころ』（アスペクト）、『Present Moment, Wonderful Moment』『怒り』『ブッダの幸せの瞑想』（サンガ）『リトリート――ブッダの瞑想の実践』『ブッダの〈呼吸〉の瞑想』『ブッダの〈気づき〉の瞑想』（新泉社）などがある。

訳者略歴

池田久代 *Hisayo Ikeda*

1949年、山口県に生まれる。1975年、同志社女子大学大学院文学研究科修士課程修了。2013年、奈良女子大学大学院人間文化研究科比較文化学博士課程満期退学。皇學館大学教授を長く務め、2015年3月に退職。2007-2009年、ハーヴァード大学客員研究員。著書に、『もっと知りたいニュージーランド』（共著、弘文堂）『ニュージーランドを知るための63章』（共著、明石書店）、『岡倉天心――伝統と革新』（共著、大東文化大学東洋研究所）など。訳書に、ティク・ナット・ハン『微笑みを生きる』『生けるブッダ、生けるキリスト』『禅への道』『小説ブッダ』『死もなく、怖れもなく』『〈気づき〉の奇跡』（いずれも春秋社）など。

Going Home: Jesus and Buddha as Brothers
by Thich Nhat Hanh

This edition published by arrangement
with Riverhead Books,
an imprint of Penguin Publishing Group,
a division of Penguin Random House LLC,
through Tuttle Mori Agency, Inc., Tokyo.

イエスとブッダ――いのちに帰る

2016年11月25日　第1刷発行
2023年10月 5 日　第2刷発行

著者――――ティク・ナット・ハン
訳者――――池田久代
発行者―――小林公二
発行所―――株式会社 **春秋社**
〒101-0021 東京都千代田区外神田 2-18-6
電話 03-3255-9611
振替 00180-6-24861
https://www.shunjusha.co.jp/
印刷・製本――萩原印刷 株式会社
装丁――――芦澤泰偉

Printed in Japan, Shunjusha.
ISBN978-4-393-33350-1
定価はカバー等に表示してあります

◆ティク・ナット・ハン著作◆

春秋社

池田久代 訳

〈気づき〉の奇跡 暮らしのなかの瞑想入門

ベトナム戦争のさなか、友人のために書いた仏教の核心と瞑想の手引き。驚くほど平易でみずみずしい言葉が涼やかに胸に沁みてゆく、まさにティク・ナット・ハンの原点。 2200円

池田久代 訳

沈黙 雑音まみれの世界のなかの静寂のちから

外部の騒音と、心中の想念や感情という雑音に苦悩のつきない現代人。内外の雑音を排除して、真の沈黙を手に入れれば、心の平安に到達できる。その方法をわかりやすく語る。 2200円

藤田一照 訳

禅への鍵

仏教思想全体の流れを平易に説明しつつ、観念的な教理や神秘思想といった歴史の垢を削ぎ落としたとき現れる仏陀の直系としての禅のラディカルな行動の思想を明らかにする。 2200円

池田久代 訳

微笑みを生きる

「いま」「ここ」の自分に気づき、苦悩を安らぎに変える瞑想法や個人の平安を世界の幸福に導く実践論。世界的仏教者ティク・ナット・ハンの多彩な思想・行動の全貌を凝縮。 1980円

池田久代 訳

生けるブッダ、生けるキリスト〈新版〉

ブッダもイエスもいま・ここに生きている！ 西洋と東洋の根源にある共通の霊性を示し、和解と調和と多様性のなかに真の宗教的豊かさを実現する方法を説く〈気づき〉の書。 2310円

◆表示価格は税込（10%）